寒山大師

高僧傳

文殊化詩僧

編撰——金偉

【編撰者簡介】

金偉

日本大谷大學大學院佛教文化博士，現任職於成都大學外國語學院。主要研究領域為日本古典文學、佛教文學、西藏學、藝術史學。

主要專著有：《今昔物語集研究》。主要譯著有：《日本古代歌謠集》、《今昔物語集》、《萬葉集》、佐藤長《古代西藏史研究》《中世西藏史研究》、下店靜市《中國繪畫史研究》、島田修二郎《中國繪畫史研究》、大村西崖《文人畫的復興》等。

主要學術成果：論證至少影響了三十六部日本古典著作的《三寶感應要略錄》是平安時代在日本編撰的偽託經；解決了《今昔物語集》的欠卷、僧靈驗故事起始、孝子故事構成、《冥報記》位置等問題；利用商代金文文獻，結合言靈信仰及祥瑞思想背景，闡釋日本歷代碩學極為關注的《萬葉集》書名名義。

【「高僧傳」系列編輯序】

令眾生生歡喜者，則令一切如來歡喜

「為佛教，為眾生」六個字，乃是印順法師於臺北市龍江街慧日講堂（後因大門遷移，地址遷至朱崙街）為證嚴法師授予三皈依、並賜法名時的殷殷叮囑：「既然出家了，你要時時刻刻為佛教、為眾生。」

依證嚴法師解釋：「為佛教」是內修清淨行，「為眾生」則要挑起如來家業，走入人群救度眾生。因此法師稟承師訓，一心一志「為佛教還原教義，為眾生點亮心燈」，而開展慈濟眾生的志業。

歷代高僧之「為佛教、為眾生」

證嚴法師開創「靜思法脈，慈濟宗門」，並將其與「為佛教，為眾生」合釋：「靜思法脈」乃「為佛教」，是智慧；「慈濟宗門」即「為眾生」，是大愛。

進而言之，「靜思法脈，慈濟宗門」即菩薩道所強調的「悲智雙運」：「靜思法脈」是「智」，「慈濟宗門」是「悲」；傳承法脈、弘揚宗門就要「悲智雙運」，積極在人間發揮慈、悲、喜、捨四無量心。此亦即慈濟人開展四大志業、八大法印時的根本心要。

由其強調「悲智雙運」可知，「靜思法脈，慈濟宗門」並非標新立異，而是傳承佛陀教法以及漢傳佛教歷代高僧的教誨——包括身教與言教，並要求身心皆徹底踐履。為了讓世人明瞭慈濟宗門之初心與悲願，也讓這些歷代高僧的事蹟與精神更廣為人知，大愛電視臺秉持證嚴法師的信念，於二〇〇三年起陸續製作《鑑真大和尚》與《印順導師傳》動畫電影，將佛教史上高僧大德的動人故事，經由動畫電影的形式，傳遞到全世界。

因為電影的成功，大愛電視臺進一步籌畫更詳盡的電視版〈高僧傳〉——採取臺灣民眾雅俗共賞的歌仔戲形式。〈高僧傳〉的每一部劇本都是經過數個月的資料研讀與整理，縝密思考後才下筆，句句考證、字字斟酌。製作團隊感受到每一位大師皆以身作則、行菩薩道的特質，希望將每位高僧的大願與大行傳遍世界。

然而，不論是動畫或戲劇，恐難完整呈現《高僧傳》中所載之生命歷程，以及諸位高僧與祖師之思想以及對後世之貢獻。因此，慈濟人文志業中心便就〈高僧傳〉歌仔戲所演繹過的高僧，以《高僧傳》及《續高僧傳》之原著為基礎，含括了日、韓等國之佛教史上的知名高僧，編撰「高僧傳」系列叢書。我們不採取坊間已有之小說體形式，而是嚴謹地參照人物評傳的現代寫法，參酌相關之史著及評論，對其事蹟有所探討與省思，並將其社會背景、思想及影響皆納入，雜揉編撰，內容包括高僧的生平、傳承及主要思想或重要經典簡介。從中，我們不僅可以讀到歷代高僧的智慧與悲心，亦可一覽相關的佛教史地、典籍與思想。

在編輯過程中，我們可以看到歷代高僧之「為佛教，為眾生」：鳩摩羅什飽受戰亂、顛沛流離，仍戮力譯經，得令後人傳誦不絕，乃是為利益眾生；玄奘歷萬里之險取得梵本佛經、致力翻譯，其苦心孤詣，是為利益眾生；鑑真六次渡海欲至東瀛傳戒，眼盲亦不悔，是為利益眾生；六祖惠能隱居十五載以避害身之禍，只為弘揚如來心法，並言「佛法在世間，不離世間覺；離世求菩提，猶如覓兔角」，亦是為利益眾生……

這些高僧祖師大可獨善其身、如法修行以得解脫，為何要為法忘身、受諸逆境而不退？究其根本，他們不只是為了參究佛法，而是深知弘揚大乘佛法的目的乃在於大慈大悲地度化眾生、讓眾生能得安樂；若不能讓眾生同霑法益，求法何用？如《大智度論．卷二七》所云：

一切諸佛法中，慈悲為大；若無大慈大悲，便早入涅槃。

由此可知，就大乘精神而言，「為佛教」即應「為眾生」，實為一體之兩面。

「大悲」為「諸佛之祖母」

除了歷代高僧之示現，「為眾生」之菩薩道的實踐，於經教中更是多不勝數、歷歷可證。例如，《無量義經．德行品第一》便說明了菩薩作為眾生之大導師、大船師、大醫王之無量大悲：

無量大悲救苦眾生，是諸眾生真善知識，是諸眾生大良福田，是諸眾生不請之師，是諸眾生安隱樂處、救處、護處、大依止處。處處為眾作大導師，能為生盲而作眼目，聾劓啞者作耳鼻舌；諸根毀缺能令具足，顛狂荒亂作大正念。船師、大船師運載群生渡生死河，置涅槃岸；醫王、大醫王，分別病相曉了藥性，隨病授藥令眾樂服；調御、大調御，無諸放逸行，猶如象馬師，能調無不調；師子勇猛，威伏眾獸，難可沮壞。

如來於《法華經．觀世音菩薩普門品》中宣說，觀世音菩薩更以三十三種應化身度化眾生：

佛告無盡意菩薩：善男子，若有國土眾生，應以佛身得度者，觀世音菩薩即現佛身而為說法；應以辟支佛身得度者，即現辟支佛身而為說法；應以聲聞身得度者，即現聲聞身而為說法；應以梵王身得度者，即現梵王身而為說法；應以帝釋身得度者，即現帝釋身而為說法……應以天龍、夜叉、乾闥婆、阿修羅、迦樓羅、緊那羅、摩侯羅伽、人非人等身得度者，即皆現之而為說法；應以執金剛神得度者，即現執金剛神而為說法。無盡意，是觀世音菩薩成就如是功德，以種種形遊諸國土，度脫眾生，是故汝等應當一心供養觀世音菩薩。是觀世音菩薩摩訶薩，於怖畏急難之中能施無畏，是故此娑婆世界皆號之為施無畏者。

為何觀世音菩薩要聞聲救苦？因為菩薩總是「人傷我痛、人苦我悲」，恆以「利他」為念。如《大丈夫論》所云：

菩薩見他苦時，即是菩薩極苦；見他樂時，即是菩薩大樂。以是故，菩薩恆為利他。

正是因為這般順隨眾生、「以種種形」而令其無畏的無量悲心，讓觀世音菩薩受到漢傳佛教乃至於華人民間信仰的共同崇敬。慈濟人之所以超越貧富、超越國界、超越宗教地去關懷與膚慰需要幫助的生命，便是效法觀世音菩薩無量悲心、無量應化的精神。

在《法華經．普賢菩薩勸發品》中發願、將於佛滅後守護及教導受持《法華經》之眾生的普賢菩薩，於《華嚴經．普賢行願品》中則教導善財童子如何供養諸佛，亦揭示了如來、菩薩、眾生的關係：

於諸病苦，為作良醫；於失道者，示其正路；於闇夜中，為作光明；於貧窮者，令得伏藏。菩薩如是平等饒益一切眾生。何以故？菩薩若能隨順眾生，則為隨順供養諸佛；若於眾生，尊重承事，則為尊重承事如來；若令眾生生歡喜者，則令一切如來歡喜。何以故？諸佛如來，以大悲心而為體故。因於眾生，而起大悲；因於大悲，生菩提心；因菩提心，成等正覺。……若諸菩薩，以大悲水饒益眾生，則能成就阿耨多羅三藐三菩提故。是故菩提，屬於眾生；若無眾生，一切菩薩終不能成無上正覺。善男子，汝於此義，應如是解。以於眾生心平等故，則能成就圓滿大悲；以大悲心隨眾生故，則能成就供養如來。

《大智度論．卷二〇》亦云，佛陀強調，大悲心乃是諸佛菩薩之根本，具大悲心方能得般若智慧，亦方能成佛：

大悲，是一切諸佛、菩薩功德之根本，是般若波羅蜜之母，諸佛之祖母。菩薩以大悲心，故得般若波羅蜜；得般若波羅蜜，故得作佛。

「菩薩若能隨順眾生，則為隨順供養諸佛；若於眾生，尊重承事，則為尊重承事如來；若令眾生生歡喜者，則令一切如來歡喜。」閱及此段，不禁令人深深體會證嚴法師之智慧與悲心：慈濟宗門四大、八印之聞聲救苦、無量應化地「為眾生」，也是同時「為佛教」地供養諸佛、令一切如來歡喜啊！

歷代高僧雖未如慈濟宗門般推動慈善、醫療、乃至於環保、國際賑災等志業，乃因其時空因素，欲度化眾生先以弘揚大乘經教與法義為重；現今經教已備，所須的乃是效法菩薩道之力行實踐！慈濟宗門便是上承歷代高僧與經論之教法，推動四大、八印，行菩薩道饒益眾生，以此供養如來。

換言之，歷代高僧之風範、智慧及悲願，為佛教，也為眾生，此即諸佛菩薩之本懷，亦為慈濟宗門之本懷！這便是《高僧傳》系列叢書所欲彰顯者。

遙企歷代高僧儼然身影，我們可以肯定：為眾生，便是為佛教；為佛教，一定要為眾生！

【推薦序】

難得的「中土文殊」寒山子傳記

——悟燈（天台佛教學博士、浙江工商大學
東亞佛教文化研究中心研究員）

二〇二一年四月，金偉博士出版了專著《行基菩薩》。博士長期從事日本上古文學及佛教說話文學的研究，翻譯出版了《日本古代歌謠集》、《萬葉集》、《今昔物語集》等古典名著，在萬葉學及佛教說話文學領域取了令人矚目的研究成果。

行基（西元六六八至七四九年）被譽為「東瀛文殊」，生活在日本的萬葉時代，《今昔物語集》中有五則行基的故事。關於行基的一手文獻非常稀少，金偉博士借助多年的研究積累，圓滿完成了《行基菩薩》的寫作，並開始撰寫「中土文殊」《寒山大師》，如今如期付梓，可喜可賀。

與撰寫《行基菩薩》的情況相同，關於寒山的一手文獻資料，可以說僅有三百餘首寒山子詩，撰寫難度可想而知。拜讀大作可知，金偉博士主要通過以下兩種方法，解決這方面的難題——

一、全面介紹天台文化背景：

唐代詩人寒山長期生活在天台山，源遠流長的天台文化，無疑對其有深刻影響。大作首先梳理了佛教傳入中國至寒山生活時代的發展情況，並著重介紹了天台佛教、道教的歷史。值得一提的是，文中還介紹了至寒山生活時代為止的天台山神仙、道士、隱士、僧侶的小傳；這些人物構成了天台山豐富多彩的人文景觀，在寒山子文獻資料稀缺的情況下，是盡可能全方位瞭解寒山子生平不可或缺的鋪陳。

二、最大限度圍繞寒山子詩進行書寫：

大作論述了寒山子詩的集結以及版本流傳情況，參照大量先行研究，尤其是最新的研究成果，在以寒山子詩為依據的基礎上，展現寒山子的生平、思想及影響。

先前的寒山研究，只提及唐朝與吐蕃的戰爭和安史之亂對寒山的影響，大作還介紹了僕固懷恩之亂和袁晁之亂。歷時九年的「安史之亂」，動搖了唐代中央集權統治的根基；而以天台地區為中心的「袁晁之亂」，直接給天台教團帶來了衝擊，這是今後寒山研究應該關注的課題。

另外，大作全面介紹了寒山子詩在東亞及歐美的流傳及影響，並指出寒山子詩歌風靡海外的魅力所在，當代回響不息。感謝金偉博士所付出的心力。是為序。

【編撰者序】

忽遇明眼人，即自流天下

二〇二一年四月，拙著《行基菩薩：東瀛文殊》付梓後，開始編撰「中土文殊」寒山的傳記。

二〇二二年十月，筆者參加由浙江工商大學東亞研究院、北京大學佛教研究中心、天台山文化交流中心主辦，浙江工商大學東亞佛教文化研究中心承辦的第二屆「國際天台學會議」，此屆會議的主題是「天台與東亞世界學術研討會」。研討會上，筆者做了題為〈成尋與《三寶感應要略錄》〉的學術報告；成尋是最早在天台山國清寺獲得《寒山子詩集》的日本人，並令其弟子將詩集帶回日本。

會議期間，筆者拜訪了天台山國清講寺住持可明法師，得知筆者有意編撰《寒山》，可明法師便贈與筆者國清講寺刊印出版的《寒山子詩集》。一同參會的天台山護國寺住持月淨法師，將法師本人親手編集、由文物出版社出版發行的《寒山子詩集》贈與末學。拙著能夠完成出版，無疑獲得了二位大和尚的加持，在此合掌致謝。

在編撰的準備期間，筆者委託日本友人松岡道子女史和石橋博人先生在日本購買相關書籍；委託旅居日本的大學同班同學高峰、孫桂清伉儷在日本網上搜尋並購買相關書籍；去年暑假期間，筆者赴母校日本大谷大學收集資料，得到南京居士袁玲女史的協助。在此一併表示謝意。

目前，除了三百餘首寒山子詩，很難尋找到關於寒山子生平的第一手文獻資料。根據寒山子的詩歌可知，寒山子的生平中，有由儒及道、由道至佛的轉變。為了把握寒山子生活時代佛教、道教的發展情況，本書的第一章，介紹了佛教的誕生及傳入中國的經緯、天台山的佛教和道教史，還介紹了至寒山子的生活時代為止，在天台山修行的神仙、道士、隱士、僧侶的小傳；從這些仙道僧侶的傳記中，能夠發現很多與寒山子相同的經歷。由此可見，在天台山波瀾壯闊的文化背景中瞭解寒山是必要的。

天台文化源遠流長，中華民族的始祖軒轅黃帝曾經前往天台山受金液神丹；周靈王的兒子子晉太子也在天台山接受浮丘公降授道要，修石精金光藏景錄神之法。

西漢時期，與寒山子同樣出生於京兆的劉根，來到天台山修道，後入雞頭山中仙去，與寒山入明岩而逝的傳說相同。高陽人許碏也和寒山子同樣，青年時期認真讀書為進士作準備，但是屢次應舉不第，遂遠遊天台山。唐代的吳筠，少通經史，舉進士不第；安祿山攻陷兩京，江淮盜賊多起，遂東入會稽，往來於天台、剡中。吳筠舉進士不第、躲避安史之亂的經歷，也和寒山有相同之處。師從天台「赤城先生」司馬承禎的汪子華，也是三舉不第，遇安祿山之亂，棄家雲遊。

高僧支遁（西元三一四至三六六年）玄談妙美；當時世人崇尚老莊，支遁每與倜儻之流暢談《莊子》，才藻驚絕，為時人所歎服。慧遠（西元三三四至四一七年）幼隨舅父遊學許洛，綜博《六經》，尤善老莊之學，一身兼儒佛玄三家。僧肇（西元三八四至四一四年）因家貧，以傭書為業，得以博覽經史；初好老莊，及讀《維摩經》而感悟，遂出家。天台第六祖湛然（西元七一一至七八二年），家世業儒，而獨好佛法。上述高僧大德都有由儒道至佛教的經歷，與寒山子的思想軌跡吻合。

拙著在縱觀中國佛教史及天台文化史的基礎上，以寒山子詩為主要依據，參照海內外寒山子的相關研究，描繪寒山子的生平和思想，以及一千多年以來在海內外產生的巨大影響。二十世紀五十年代開始，倦於西方文明的青年們，試圖尋找一種「自然的」自由，寒山子的思想正好照應了他們的需求，寒山詩也成為歐美各種文化潮流的精神詩歌。

筆者能力有限，不足之處難免，萬望讀者海涵。合十。

目錄

示現

青草合，入塞紅塵起。
煉藥空求仙，讀書兼詠史；今日
歸寒山，枕流兼洗耳。

第六章　寒山的生平 215

寒山出此語，此語無人信；密甜
足人嘗，黃檗苦難近。
順情生喜悅，逆意多瞋恨；但看
木傀儡，弄了一場困。

影響

壹・寒山子的思想 283

其詩有工語，有率語，有莊語，
有諧語。……今觀所作，皆信手
拈弄，全作禪門偈語，不可復以
詩格繩之。

示現

第一章　緣起：佛教東來與唐代天台宗

天台山超然秀出，山有八重，視之如一帆，高一萬八千丈，周回八百里；又有飛泉，懸流千丈似布。

知名唐代詩僧寒山（約西元七二六至八三〇年）長期生活在天台山，必深受唐代時的天台文化影響。本章便首先梳理佛教傳入中國至寒山生存時代的發展情形。

佛教的誕生

古巴比倫、古埃及、古印度和古代中國是「四大文明」古國，分別誕生於四大文明發源地，即兩河流域、尼羅河流域、印度河–恆河流域、以及黃河–

長江流域。

印度河是印度次大陸三大河流之一，發源於西藏西部的喜馬拉雅山脈，向西北流入喀什米爾（Kashmir）後，在吉爾吉特（Gilgit）附近轉向西南，沿巴基斯坦南下，在卡拉奇東南流入阿拉伯海。印度河流域文明，也稱哈拉帕（harappa）文明，或印度河谷文明，是南亞西北部地區的青銅時代文明，也是世界上最早的城市文明之一，存在於西元前三千三百年到西元前一千三百年。不知道何種原因，這個古印度文明，在兩千餘年後消失於歷史長河中。

到了西元前一千五百年左右，新興的雅利安（Aryan）民族從西北邊境進入印度，先是居住在旁遮普（Punjab）地區，發展出了吠陀（Veda）文化，這個時期是印度文化的黎明期。眾多部族的人們，過著簡單的村落生活，從事畜牧及農耕，將自然現象作為神靈加以崇拜，敬獻犧牲，祈求幸福，驅除災禍；這種樸素的信仰，充實了他們的生活。隨著時代的進步，人們自然而然地開始思考人生的各種問題，並且逐漸深入到對宇宙根源的探索。

從西元前一千年前後開始，雅利安民族繼續向東南推進，文化中心也轉移到了恆河和賈木納河（Jomuna）環繞的平原地帶，人們在那裡定居，大多從事農耕。隨著城市的出現，以及市民生活的不斷發展，分化出不同的社會階層。在通常的宗教生活中，人們認為祈禱能夠感動神靈，因此極為重視祈禱祭祀，出現了專司祭祀儀禮的婆羅門（Brāhmaṇa）。他們處於社會的最高位置，並依次劃分出婆羅門、剎帝利（Kṣatriya）、吠舍（Vaiśya）、首陀羅（Śūdra）四姓，建立了等級森嚴的種姓制度，對印度社會產生了深遠的影響。

這個時期，統治者雅利安人還創造出詳細解說祭祀方法和意義的梵志（Brāhmaṇa），確立了婆羅門教的基礎。接下來，由於《奧義書》（Upaniṣad）的完成，產生了以人和宇宙的本質及其關係為中心的哲學思想。後來，這種思想不僅限於印度，在亞洲被廣泛接受，諸如業、輪迴、解脫等概念，為人們的精神生活帶來了巨大影響。

西元前六世紀，印度文化的中心繼續向東遷移，恆河中游以東的地區開始步入新的歷史時期，社會狀況也發生了相當大的變化。部族間貴族式的共和政治制度分崩離析，並逐步通過王族專制政治，合併諸新興王國。城市生活的發展，手工業及商業的進步，帶來了交通的便利、貨幣及文字的使用。隨著社會分工進一步細化，種姓制度也越來越趨於固化。

婆羅門的思想從吠陀開始，並經由梵志和《奧義書》不斷發展而來。這個時期，最引人注目的是，在尚未充分接受婆羅門教影響的東部地區，以剎帝利階級為中心的新的思想勢力逐步興起。佛典中所見的六師外道、六十二見等，正是這些新思想的代表。當時，思想領域百家爭鳴、異彩紛呈，既有極端的唯物論、快樂論、宿命論、無道德論、懷疑論等，也有嚴格的苦行及禪定的修行實踐；此外，生天思想、方位崇拜、占卜、咒術等民間信仰也十分盛行，釋尊身處於這樣的時代。

釋尊出身於剎帝利階級，屬於非婆羅門的新思想勢力一方，與大致同時代的耆那教（Jainism）開祖尼乾陀若提子（Nirgrantha-jñāniputra），同處於新思想勢力代表者的位置。耆那教和佛教都否定婆羅門的種姓制度，強調真理與人的出身、階級、種族等無關，主張人人平等。釋尊不僅否定婆羅門主義，還在批判婆羅門與非婆羅門兩種思想的基礎上，開闢了新的道路。

與耆那教停留於印度境內相比，由於佛教基於釋尊偉大的思想立場和充滿慈悲的人格感化力，不斷演化發展，超越了單純的印度特性，成為具有世界性的主流宗教文化，歷經兩千五百多年，不斷滋養著人類的精神世界。

釋尊原名悉達多．喬達摩（Siddhārtha Gautama，姓喬答摩、名悉達多），出生於西元前五六五年，三十五歲成道，八十歲時涅槃。釋迦牟尼（Śākyamuni）是佛教徒對他的尊稱：「釋迦」是種族名，意為「能」；「牟尼」，亦譯為「文」，是尊稱，意為「仁、儒、忍、寂」，合為「能仁、能儒、能忍、能寂」等，意即釋迦族的「聖人」，也稱為釋尊。

釋尊是印度北部喜馬拉雅山麓迦毗羅衛國（在今尼泊爾南部提羅拉科特附近）淨飯王的太子，屬於刹帝利種姓；母親摩耶夫人，是鄰國拘利族天臂國王之女。摩耶夫人回母國的途中，在藍毗尼園（Lumbini）的無憂樹下誕下太子，分娩後第七天去世。關於釋迦牟尼生卒年代，南傳和北傳佛教有不同說法，多數學者推定為西元前五百六十年前後。

根據經典記載，誕生後不久便失去生母的太子，由姨母摩訶波闍波提（Mahāpajāpatī，又譯為瞿曇彌、大愛道）撫養成人，深得父王寵愛，幼年和少年時期是在榮華富貴之中渡過的。太子天資聰穎，從小通達五明、四吠陀，相貌英偉，具足三十二相、八十種好。十七歲時，娶表妹耶輸陀羅（Yaśodharā）為妃，生下兒子羅睺羅（Rāhula）。

雖然太子過著優渥舒適的貴族生活，但他觀察到社會的貧富懸殊、四姓階級的不平等，又有眾生之間的弱肉強食，尤其是痛感生老病死的逼迫、人生的無常，於是生起出家求解脫的志願與悲心。在十九歲（一說為二十九歲）那年的二月初八，夜出宮門，出家修道。

釋尊先到跋伽仙人的苦行林，又來到摩揭陀國的首都王舍城（Rajgir），國王頻婆娑羅王會見了他。爾後，他尋訪隱棲於王舍城附近山林的數論派信奉者，修習禪定；然而，未能真正得到解脫。於是，他又來到伽闍山（伽耶山，Gajaśirṣa）苦行林，在尼連禪河（Nairanjananadi）邊靜坐思維，實踐苦行；經過了六年，形體枯瘦、體力衰弱，仍未見道。後來，釋尊體會到，真正的修行應是離開苦、樂二邊的中道修行；於是他捨棄無謂的苦行，渡過尼連禪河，接受牧女乳糜之供。

恢復健康後，釋尊來到伽耶山菩提樹下，以吉祥草敷設金剛座，東向端身正坐，發誓：「我今若不證，無上大菩提，寧可碎此身，終不起此座。」釋尊在樹下靜坐四十九天，克服了內外的種種魔障，徹見自己本來面目，止息一切妄想無明，終於在十二月初八日，夜睹明星，正觀緣起法而成就「無上正等正覺」。釋尊成就無上正等正覺後，為令眾生入佛知見，以無量的善巧和方便，開始了四十九年的弘化生涯。

釋尊的學說內容，可歸納為三法印、四諦、八正道、十二緣起、三十七道品等。在悟道後的弘化生涯中，為創建「僧伽」（saṅgha）制度，投入了極大的熱情和精力。「僧伽」即僧團，是出家佛教徒的組織形式。起初只准男性加入，後來婦女也被允許出家。釋尊所建立的僧團吸納了社會上各種行業的人，如商人、獵人、理髮師等，甚至殺人犯也可以入教；相對於其他宗教來說，佛教僧團是平等的，沒有種姓歧視。

創教初期，釋尊並沒有為僧團制訂任何制度，僧團的戒律是根據所發生的事件逐漸創建形成的。遇到事件發生時，僧人們便請釋尊做出裁決，釋尊的裁決被認為是關於處理此事的「法律」，也就是「戒律」。釋尊制訂的戒律，涉及個人品德行為和生活方式，包括衣、食、住、行等各個方面的一系列禁忌；除此之外，釋尊還為僧伽規定了雲遊乞食、雨季安居、犯過懺悔等制度。這些建制構成了信徒們的宗教實踐，也成為維護僧團組織和秩序的有力保障。

佛教傳入中國

文化的傳播，通常是在不經意中自然而然完成的，佛教文化傳入中國亦是如此；因此，很難確定佛教初傳的具體年代。從目前已知的考古資料可以判定，早在新石器時代，中印之間就有交往。秦咸陽、漢長安地區，在張騫鑿空之前，便有通往印、歐的交通大道，與印度的犍陀羅（Gandhāra）等地區也有貿易來往。張騫出使西域，曾在大夏看到蜀布、邛杖，說是來自印度。在彼此的往來中，佛教文化也極有可能通過貿易商人和其他旅行者，經過西域諸國傳入中國。

佛教傳入中國漢地的年代，學術界尚無定論。日本學者根據《史記．秦始皇本紀》有「禁不得祠」的記載，認為「不得」是「浮屠」（buddha）的音譯，主張佛教在秦朝已經傳入中國。

日本平安時代後期（一〇四〇年左右）問世的《今昔物語集》中，「震旦部」的第一則故事便是《震旦秦始皇時天竺僧渡來的故事》，講述秦始皇時代，有天竺僧渡來，名叫釋利房，有十八賢者相隨，並帶來經文教典。秦始皇見到這些裝扮奇怪、禿頭無髮的人後，隨即下令將他們關入獄中。深夜，釋迦如來丈六身放紫金光自虛空飛來，踏破獄門而入，救出釋利房及十八賢者。

目前，學界普遍認為，佛教的傳入大約在西元紀年前後的兩漢之際，從「伊存授經」開始，佛教正式傳入中國。南朝宋時，裴松之（西元三七二至四五一年）奉敕為西晉陳壽（西元二三三至二九七年）所著《三國志》作注，注中引用曹魏史學家魚豢所著《魏略．西戎傳》中的記載，西漢哀帝元壽元年（西元前二年），西域大月氏使者伊存來朝，在帝都向中國博士弟子景盧口授《浮屠經》。此後，還有「明帝求法」說，即范曄著《後漢書》記載，東漢明帝遣使去月氏求佛法。

另外，筆者在拙論〈日本古典文學中的野干〉（日文）中指出，戰國至漢初儒家禮儀論著總集《禮記．玉藻》中有「青豻」，鄭玄的解釋為「豻，胡犬也。」西漢淮南王劉安及其門客蘇非、李尚等人所著《淮南子・道應訓》中的「青豻」，高誘的注釋為「豻，胡地野犬。」根據上述鄭玄和高誘的注釋，筆者推斷青豻是野干（śṛgâla，悉伽羅），即胡狼（jackal）。由此斗膽指出，如果確認「豻」是由梵語「śṛgâla」產生的詞語，不僅能夠反映古代中國和印度之文化交流的實態，更為重要的是，這意味著印度的佛教文化在《淮南子》完成以前已經傳入中國。

佛教在中國的傳播

東漢第十一位皇帝漢桓帝劉志（西元一三二至一六八年）的時代，西域安息國王子安世高和月氏國支婁迦讖先後來到中國。安世高在漢桓帝即位的翌年（西元一四七年）來到洛陽，支婁迦讖在桓帝駕崩的前一年（西元一六七年）來到洛陽，他們翻譯了大量佛教經典，這是確鑿無疑的佛教傳入中國之史實。

安世高擅長阿毘曇和禪經，來洛陽後的約二十年間，翻譯《陰持入經》、《安般守意經》等小乘經典三十五部、四十一卷。支婁迦讖翻譯了《般若道行經》、《般若三昧經》、《首楞嚴經》等大乘經典三部、十四卷，《阿闍世王經》、《寶積經》等有疑問的九部、十二卷。

此後的東漢末期，大量外國僧人來到中國，佛教的傳入形成高潮。但是，在這個時期，佛教與黃老並列，稱為「黃老浮屠」；這意味著，世人認為佛教與神仙方術相同，還沒有正確理解佛教。

三國時代（西元二二〇至二六五年），翻譯佛教經典的人數不斷增加，佛教也流傳到了中國的南方地區。

曹魏嘉平四年（西元二五二年），印度人康僧鎧至洛陽，在白馬寺翻譯了淨土教所依據的《無量壽經》等經典。印度人曇訶迦羅在中國首次行授戒之法；此後，中國人中開始有了出家人，朱士行是其中一位，有可能是中國第一位正式受戒出家的和尚。他在講解經典時，發現很多不明之處，決心直接從梵文經典入手，於是前往于闐國，堪稱入天竺求法者的先驅。此後，不斷出現前往西天取經的中國人。

在中國南方的吳國，以支謙和康僧會為中心，進行翻譯與傳教活動。支謙本是月氏人，其祖父法度，於漢靈帝時率數百國人移居中國。支謙受業於支識門人支亮，深通梵典，吳主孫權拜其為博士，輔導太子孫亮，並譯出《維摩經》、《大阿彌陀經》等大小乘經典。

康僧會的先祖是康居人，世居天竺，後移居中國交趾。康僧會出生於中國，深悉漢文，邊傳教邊翻譯《六度集經》、《吳品》兩部佛經，注《安般守意經》、《法鏡經》、《道樹經》三經，並為作序。康僧會通過佛舍利的的神跡，讓孫權成為佛教外護者；傳授印度制糖之法、造福當地百姓的傳說亦廣為人知。值得注意的是，康僧會還是中國佛教史上最早具有佛、道、儒三家思想的僧人，這一點可以在他注釋的佛經上見到。由此可知，最初只在中國北方洛陽、長安流傳的佛教，已經縱貫南北，不斷弘揚。

到了晉代，佛教在知識階層中廣為流傳，翻譯了大量經典，其中最重要的譯經僧是竺法護（西元二三〇至三〇八年），又稱支法護，音譯作曇摩羅刹、曇摩羅察（Dharma- rakṣa），祖先為月支人，世居敦煌。八歲出家，師事竺高座，遂以竺為姓。性純良而好學，每日誦經數萬言，並博覽六經，涉獵百家。

當時，關內京邑雖禮拜寺廟、圖像，而諸大乘經典未備；竺法護立志西行，遍通西域三十六國語文。據《法華傳記．卷一》記載，竺法護於武帝泰始元年（西元二六五年），攜帶大批胡本經典至東土，居於長安、洛陽，專事譯經，有聶承遠、仁法乘、陳士倫等人參與筆受、校對等工作。

竺法護的譯經，還以種類齊全，影響廣泛、深遠著稱。大乘佛經通常被分為「般若、寶積、大集、華嚴、涅槃」五大部，竺法護對這五部都有翻譯；例如，屬於般若部的有《光讚般若經》，寶積部有《普門經》、《密跡經》、《離垢施女經》，大集部有《寶女經》、《寶結經》、《大哀經》，華嚴部有《漸備一切經》、《度世品經》、《如來興顯經》，涅槃部有《方等泥洹經》等。

這些經典譯出後，受到中國佛教界的重視，成為晉代佛教的要籍。晉代的著名佛教學者如慧觀、僧睿、支湣度、支道林、道安等，都曾投入巨大精力加以注疏、講論。其中，道安得到法護譯的《光讚般若經》後，如獲至寶，著有《光讚析中解》、《光讚妙解》、《合放光光讚略解》等書，對此經反覆加以研究和闡發。

十六國時的釋曇影，也以善講法護譯的《正法華經》和《光讚般若》而聞名，「每法輪一轉，輒道俗千數」。由此不難看出，竺法護的譯經事業，對於大乘佛學的興盛起了極大的作用。所譯經典部數，據《出三藏記集·卷二》所載，包括《光讚般若》、《普曜》、《大哀》、《度世品》、《持心》、《首楞嚴》、《賢劫》、《維摩》、《無量壽》、《正法華》等大乘經典共一五四部、三〇九卷，譯出時間約在武帝泰始年間（西元二六五至二七四年）至懷帝永嘉二年（西元三〇八年，或謂湣帝建興元年，西元三一三年）。

其中，太康六年（西元二八六年）所譯之《正法華經》問世後，國人始知「觀音」之名，開始有了靈驗之說與觀音信仰。由於竺法護大力弘揚佛法，在世時已經被稱為「敦煌菩薩」，深受普通民眾的尊敬。

晉朝遷都南方的建康後，稱為東晉；當時，因為北方興起了眾多非漢民族統治的國家，也稱為「五胡十六國」時代。佛圖澄（西元二三二至三四八年），天竺人，或謂龜茲人，俗姓帛，在北方胡族間弘揚佛法。佛圖澄具有神通力、咒術、預言等靈異能力，深受後趙石勒、石虎的信重，奉為大和尚。佛圖澄觀機施化，使許多漢人百姓紛紛皈依佛門；當時剃度出家一度成為社會時尚，他所到的州郡無不建立佛寺，全國多達八九三座寺廟。

這個時期的佛教思想以般若系經典為中心，般若系的思想與當時流行的老莊思想有相通之處。以此為線索，通過將佛教的教理與中國思想進行比較來加以理解的方法，稱為「格義」，即以道家或外教之義理來解釋佛教之道理，當時以「竹林七賢」為代表人物。

道安（西元三一二至三八五年）是這個時代佛教界的領袖人物，他是佛圖澄的高徒，有廣博的學問和文學素養。他出生於常山扶柳縣（今河北省冀縣境）的讀書人家，由於世亂，早喪父母，由外兄孔氏撫養。七歲開始讀書，十五歲時對於五經文義已經相當通達，轉而學習佛法，十八歲出家。起初亦以格義講述佛教，注釋佛典；然深自戒懼，惟恐格義歪曲佛教教義，故主張應以印度佛教原義正確翻譯佛典，並藉由佛典本身探究佛理。另外，魏晉沙門依師為姓，姓各不同；道安認為「大師之本，莫尊釋迦」，因此自稱「釋道安」。後世出家僧尼姓「釋」氏，便始於道安。

與北方的道安幾乎同一時期，南方有河東林慮（河南彰德）人支遁（西元三一四至三六六年），早悟無常之理，隱於會稽之餘杭山中，專研《道行般若經》等般若系經典，二十五歲出家；後游京師建康，每至講肆，善標宗會，頗為名士所激賞。時尚老、莊，支遁每與倜儻之流暢談《莊子》，言說數千，才藻驚絕，為時人歎服。支遁玄談妙美，養馬放鶴，優遊山林，又善草隸，文翰冠世。應該注意的是，支遁撰寫的《阿彌陀佛像贊》，是在慧遠之前與淨土教有關聯的文獻。

道安的弟子慧遠（西元三三四至四一七年），雁門樓煩（今山西崞縣東部）人，俗姓賈，幼隨舅父遊學許洛，綜博《六經》，尤善老莊之學。二十一歲時，入道安門下，二十四歲時登壇講說，頗負盛名。東晉太元三年（西元三七八年），前秦軍陷襄陽，道安為前秦所留，慧遠率弟子數十人下荊州，途經潯陽（今江西九江），見匡廬清靜，遂不復他往；始住廬山龍泉精舍，後住江州刺史桓伊所造東林寺。影不出山，跡不入市，時四方道俗，靡然從風。

慧遠不僅停留於「無相皆空」的學理研究，對「戒、定、慧」三學也極為精通。在廬山，他對佛教理論繼續進行深入研究，使佛教和安定人心與社會的思想進一步結合起來，推動了佛教發展。他主張「佛性」之說，認為佛的精神實體是不變的、是永恆存在的。佛教徒稱佛學是「內學」，把儒、玄（道）叫做「外道」。

慧遠不僅精研佛學，還兼通經學和玄學，一身兼儒、道、佛三家。他認為儒、道、佛三家作為安定社稷的思想來講，立場基本上是一致的，所以主張「內外之道，可合而明」，以佛學為主，以儒、道為輔。慧遠還極力宣導「彌陀淨土法門」，因此，被後世淨土宗僧人推尊為初祖。

慧遠之著述見於著錄的有《大智度論要略》二十卷、《問大乘中深義十八科》及《羅什答》三卷、《法性論》二卷、文集十卷，現僅存《問大乘中深義十八科》，改名《大乘大義章》，其餘都已散佚，惟《出三藏記集》、《弘明集》、《廣弘明集》、《高僧傳》收錄其部分論、序、贊、書等，其中以〈沙門不敬王者論〉影響最大。

鳩摩羅什和佛經翻譯

佛教在傳入中國的四百多年時間裡，逐步被理解，並穩固了根基。東晉末期，鳩摩羅什的到來（西元四〇一年），使得中國佛教得以急速發展。

鳩摩羅什（Kumārajīva，姓「鳩摩羅」、名「什」，西元三四四至四一二年）又作究摩羅什、鳩摩羅什婆、拘摩羅耆婆，略稱「羅什」或「什」，意譯為「童壽」，東晉龜茲國（新疆疏勒）人，與「真諦、玄奘、不空」被合稱為中國四大譯經家。

後秦弘始五年（西元四〇三年）四月，鳩摩羅什在長安組織了中國歷史上第一個官辦性質的譯經場，與弟子共譯出佛典七十四部、五八四卷。鳩摩羅什的翻譯以意譯為主，而且注意修辭，譯文流暢，文采不凡，主要有《摩訶般若》、《妙法蓮華經》、《維摩詰經》、《金剛經》、《阿彌陀經》、《中論》、《十二門論》、《大智度論》、《成實論》等，系統地介紹了大乘中觀派的思想體系。

自佛教入傳，漢譯佛經日多，但所譯多滯文格義，不與原本相應。鳩摩羅什通達多種外國語言，所譯經論內容卓拔，文體簡潔曉暢，至後世頗受重視；

可以說，真正得以摒除格義之影響，弘揚佛教真義者當屬鳩摩羅什。鳩摩羅什的眾多弟子中，最重要的代表人物是僧肇和道生。

僧肇（西元三八四至四一四年），長安人，俗姓張。因家貧，以傭書為業，得以博覽經史；初好老、莊，及讀《維摩經》而感悟，遂出家。善方等大乘經典，兼通三藏，冠年名聲已震關中。僧肇才思幽玄，精於談論，鳩摩羅什歎為奇才。在鳩摩羅什弟子中，僧肇最理解般若空之意義，被稱為「解空第一」。

道生（西元三五五至四三四年），又稱竺道生，巨鹿（河北平鄉）人，寓居彭城（江蘇銅山），俗姓魏，師事竺法汰，故改姓竺，十五歲即登講座，宿學名士莫能抗敵，二十歲受具足戒，講演之聲譽遍天下。他初住建業龍光寺，後入廬山幽棲七年，師事慧遠，博研經論，復至長安受教於鳩摩羅什門下。義熙五年（西元四〇九年），返回建業，主張「闡提成佛」、「頓悟成佛」說，教界為之譁然。直至北涼曇無讖（西元三八五至四三三年）譯《大般涅槃經》流傳至建業，眾人始歎其卓識。

佛經翻譯產生了將佛教從印度、西域移植到中國的作用，是佛教傳來初期的重要工作。佛經的翻譯事業始於東漢時期，到了東晉末期，已經翻譯了大小乘經典及小乘的論部。比鳩摩羅什略晚，幾乎同時代的北涼曇無讖翻譯了《涅槃經》，東晉的覺賢（西元三五九至四二九年）翻譯了《華嚴經》，與鳩摩羅什翻譯的佛經一同對後世的佛教教學帶來了巨大影響。

鳩摩羅什帶來了龍樹的中觀派佛教；世親等人的瑜伽派佛教之傳入，則分為南北朝時代的後魏、梁，以及唐初三個時期。

首先，在北朝的後魏（西元四三九至五三四年），菩提流支與勒那摩提、佛陀扇多共譯世親的《十地經論》，被尊為「地論師相州北派」之祖，菩提流支還翻譯了《無量壽經論》等世親的著作。

此後，南朝的梁（西元五〇二至五五七年）時，西印度優禪尼國人真諦（西元四九九至五六九年）由海路來到廣州，到陳太建元年示寂為止，翻譯出無著的《攝大乘論》、世親的《攝大乘論釋》、《唯識論》等瑜伽派經論，約八十部、三百餘卷。

應該注意的是，鳩摩羅什和玄奘的譯經事業得到了朝廷的援助，真諦的翻譯則幾乎都是獨自完成的。他的不懈努力，為中國佛教教學的發展做出了非常大的貢獻。

南北朝時代，出現了以真諦為代表的眾多譯經者。除了上述大乘經論之外，還有《十誦律》、《四分律》、《摩訶僧祇律》、《五分律》四大律，《增一阿含》、《長阿含》、《雜阿含》、《中阿含》四阿含，以及小乘論部；由此，中國佛教具備了經律論。

佛教教學的發展

伴隨佛教經論翻譯的盛行，教理的研究也開始活躍起來。南北朝時代的教學發展延伸至隋唐時代，成為宗派建立的基礎。

毗曇學派，是因研習、弘傳阿毗曇而形成的學派。阿毗曇（Abhidharma），又稱阿毗達摩，意譯為「論」。毗曇學派所研習的主要是僧伽提婆譯的《阿毗曇心論》、《阿毗曇八犍度論》和僧伽跋摩譯的《雜阿毗曇心論》，以及以《雜阿毗曇心論》為依據的主要經典。此學派在鳩摩羅什之前始於北方，到了南朝·宋（西元四二〇至四七九年），開始注重《婆沙論》、《雜心論》。真諦翻譯出《阿毗達摩俱舍釋論》後，又興起了相關的研究熱潮。毗曇學派所研習的經典主要屬於小乘一切有部的論典，其根本思想是人空法有、法體恆有、且三世實有。此學派在唐以後稱為俱舍宗。

三論學派，研究鳩摩羅什翻譯的《中論》、《百論》、《十二門論》三論。鳩摩羅什的弟子有三論研究的成果，但是一時讓位於《成實論》的研究。到了南朝·梁時，僧朗在攝山興起新三論學派。新三論由吉藏（西元五四九至六二三年）集大成，成為三論宗。另外，此三論加上《大智度論》的研究，稱為四論學派；淨土宗的先驅曇鸞（西元四七六至五四二年）原是四論研究的重要學者。

成實學派，以研究《成實論》為主。《成實論》是鳩摩羅什譯古印度訶梨跋摩著的十六卷佛教論書，「成實」即「成就四諦」之意，反對小乘說一切有部「諸法實有」理論，提倡「人法二空」，弘揚「苦、集、滅、道」四諦之理，是瞭解佛教教理組織的入門書，流傳甚廣，直至隋唐歷久不衰。唐以後，此論無人研習，大量《成實論》的相關注疏也均已佚失。

法華學派，是以鳩摩羅什譯《妙法蓮華經》為中心，盛行於江南地區的學派。南朝劉宋的慧觀（生卒年不詳）以後，《法華經》研究者層出不窮，以南朝．梁的光宅寺法雲（西元四六七至五二九年）最為聞名，他的《法華義記》與日本聖德太子的《法華義疏》有很深的淵源。此學派深入研究《法華經》一乘及佛身說，天台大師（智顗）和嘉祥大師（吉藏）對法雲的學說進行批判之後，此派消失于天台宗及三論宗之中。

涅槃學派，以《涅槃經》為中心，也是盛行於江南地區的學派。與竺道生同時代的慧觀認為，《涅槃經》是釋尊一生中最為重要的經說，並開創了具有中國佛教特徵的教相判釋。從南齊至梁代的僧人寶亮（西元四四四至五〇九年），得武帝之尊崇，彙集諸家所說，撰成《涅槃經集解》七十一卷，武帝親為作序。此學派以「佛身常住」和「悉有佛性」的《涅槃經》為「第五時常住教」。以《法華經》為佛出世本懷的天台宗興起之後，此派亦消失於歷史長河之中。

地論學派，以世親的《十地經論》為主，有慧光系的「南道派」和道寵系的「北道派」。地論師所學並不限於《十地經論》，思想上還受到先後流行的涅槃學派、攝論學派的影響。

其南北兩道互有爭論之點，集中於「當常」、「現常」的主張和四宗、五宗的判教，以及對「阿梨耶識」（ālaya-vijñāna，或稱阿賴耶識）性質的認識。「南道」主張有八識，阿梨耶識是淨識；「北道」主張有真妄和合的九識說，第八識為妄識，第九識為真識、淨識。

攝論學派，與地論學派同為瑜伽派系統，以無著《攝大乘論》及世親《攝大乘論釋論》為主。真諦翻譯了這些經論以後，慧愷（西元五一八至五六八年）在南方大力弘揚，以金陵（南京）為中心，學者輩出。曇遷（西元五四二至六〇七年）向北傳入長安，攝論研究風靡南北。

攝論學派原以世親之學為主，其學廣涉法相唯識，在印度已蔚成大宗。玄奘從印度遊學歸國，大弘其學。玄奘重譯《攝大乘論》，綜核名實，力求信達，遠較舊譯為勝。在法相唯識學中，攝論師舊義失其重要意義，因而終結於玄奘的法相唯識宗。

禪觀，始於東漢時期，由於《坐禪三昧經》、《達摩多羅禪經》的譯出，出現了大乘禪的思想，並修習這種禪觀。後魏時期，達摩自印度來到中國以後，在北方受到重視，後來成為禪宗；但要注意的是，禪宗的宗義與教法跟單純的「禪觀」、「禪定」有所不同。

戒律，在傳入中國的四部廣律中，《十誦律》最早得到翻譯弘傳。自北齊的慧光（西元四六八至五三七年）撰《四分律疏》以後，成立了以四分律為中心的律宗。慧光門下律學人才輩出，洪遵（西元五三〇至六〇八年）在隋代被尊為「講律衆主」，在崇敬寺講四分律，弘揚律學。

淨土宗，前述的慧遠，交結諸方名士，在寺內安置無量壽佛像，念佛祈願往生淨土，與有共同信仰的僧俗一百二十三人結社，名為「白蓮社」，這是中國最早的淨土宗信仰團體，後世便將慧遠視為中國淨土宗祖師。

曇鸞原本是四論學僧，因讀《大方等大集經》，感詞義深密，難以領會開悟，發心為作注解，因患病未竟。病後，又感人命危淺，死歿無常，欲先學長生之術，而後再學佛法，遂往江南向道士「山中宰相」陶弘景求仙術，弘景授以「仙經」。

之後，他途經洛陽時遇菩提流支，問佛法中有勝此仙經之長生不死法否。菩提流支答，以此土仙法，縱得長生，亦屬暫時不死，畢竟歸於生死輪迴，乃授以《觀無量壽經》。曇鸞大喜拜受，遂焚陶弘景所授之「仙經」，專事淨業。

著有《調氣論》、《無量壽經優婆提舍願生偈注》、《略論安樂淨土義》、《贊阿彌陀佛偈》等。

道綽（西元五六二至六四五年）、善導（西元六一三至六八一年）繼承曇鸞的教學，穩固了淨土宗的地位。

三論宗，由嘉祥大師吉藏（西元五四九至六二三年）集大成，依《中論》、《十二門論》、《百論》等而立，又名法性宗、空宗、般若宗等，在印度以文殊、馬鳴、龍樹等菩薩為祖，在中國則以東晉鳩摩羅什為始祖。此宗主要為破邪顯正、真俗二諦、八不中道等三科。《中》、《百》、《十二門論》均不出破邪、顯正二轍。

三階教，隋朝僧人信行（西元五四〇至五九四年）禪師所創，流行於隋唐二代。三階教將佛法依時、處、人各分為三階（段）。「時」的三階，指佛滅後初五百年為第一階，次五百年為第二階，其後為第三階；「處」的三階，是淨土世界為第一階，三乘所住的穢土為第二階，凡夫眾生所住的世界為第三階；「人」的三階則為，最利根一乘為第一階，屬利根正見成就的三乘為第二階，顛倒眾生是第三階；本宗派即依此立名。三階教認為，斯時、斯處、斯人都是第三階，不易解脫，其修行以苦行、忍辱為主，在路上見人不論男女，一概禮拜；提倡布施，死後林葬。

法相（唯識）宗，由玄奘弟子慈恩大師（窺基）創立。此宗說一切有漏妄法及無漏淨法，無始時來，各有種子，在阿賴耶識中，遇緣熏習，即各從自性而起，都不關涉真如，故於色心諸法而建立種種名相，是名法相宗。

華嚴宗，依《華嚴經》而立宗，故名華嚴宗。此宗以陳隋間的杜順（西元五五七至六四〇年）和尚為始祖，後來為唐代賢首國師法藏（西元六四三至七一二年）所發揚，故又名賢首宗。此宗論一切萬法理事無礙、事事無礙，一切互不相礙，互相融入；修法界觀，以高度平等的眼光體察萬事萬物，憑此證入一真法界，即得佛智。

天台宗，由天台大師（智者大師）智顗創立。南北朝梁代的大同四年（西元五三八年），智顗出生於華容（湖北省），十八歲出家後，在光州的大蘇山跟隨慧思學習《法華經》。

天台宗的源頭始於北齊的慧文，經慧思到天台大師。慧文通過龍樹的《大智度論》、《中論》修觀法，遊化河淮，聚徒千百人，盛弘大乘。慧思（西元五一五至五七七年）出於慧文門下，文師授以心觀之訣，豁然大悟，得法華三昧，結庵大蘇山；晚年入南嶽，被稱為南嶽禪師。智顗在大蘇山跟隨慧思修行法華三昧，讀至《法華經．藥王品》的「諸佛同贊是真精進，名真供養」經文時，豁然大悟，被稱為「大蘇開悟」。之後，入天台山參悟，由禪定轉向趨入俗諦止觀妙境界，奠定了天台教學基礎。

慧思前往南嶽時，智顗去了金陵，在瓦官寺居住八年，講《法華經》、《大智度論》等，並廣弘教法，創「五時八教」的判教，提出「一念三千」，「圓融三諦」等思想，創立天台宗的思想體系，深受朝野尊信。

陳太建七年（西元五七五年），智顗為了排除名利的干擾，捨斷眾緣，入浙江天台山，於佛隴之北建寺居住，苦修九年。至德二年（西元五八四年），陳後主率后妃從師受菩薩戒，次年奉敕出山，寓金陵靈曜寺。未久，於太極殿宣講《大智度論》、《仁王般若經》，又於光宅寺講《法華經》，歷時四年。隋開皇十一年（西元五九一年），晉王楊廣累請東返；師鑑其誠，乃至揚州為授菩薩戒，王敕賜「智者」之號。

其後，西行回故鄉，至當陽玉泉山建寺，開皇十三年（西元五九三年），於寺講說《法華玄義》，文帝乃敕賜「玉泉寺」之額；翌年，又宣講《摩訶止觀》。開皇十五年（西元五九五年），復應晉王之請，東返金陵，撰《淨名義疏》（維摩詰經義疏）。開皇十七年（西元五九七年），坐化於山中大石像前，世壽六十。

智顗著述甚豐，建立了天台一宗之解行規範，其中的《法華經玄義》、《法華經文句》、《摩訶止觀》，世稱為「天台三大部」；《觀音玄義》、《觀音義疏》、《金光明經玄義》、《金光明經文句》、《觀無量壽佛經疏》，稱為

「天台五小部」。天台宗特點在於「教觀雙運、解行並重」，其學說對中國佛教影響巨大。

章安大師灌頂（西元五六一至六三二年）是智顗的高徒，常伴隨智顗左右，筆錄其講義彙集成冊。此後，由智威、慧威、玄朗繼承天台宗，只是將其法脈保留下來。

六祖荊溪大師湛然（西元七一一至七八二年）接任後，禪、華嚴、法相等宗於唐代名僧輩出，湛然於其間充分發揚了天台宗的真實價值，弟子有道邃、普門、元皓、行滿、智度、法顒等三十九人。湛然生平撰述宏富，主要著作有《法華經玄義釋籤》、《法華文句記》、《止觀輔行傳弘決》、《止觀搜要記》、《止觀大意》、《金剛錍論》、《法華三昧補助儀》、《始終心要》、《十不二門》等，被譽為天台宗中興之祖。

唐代的天台宗

大業十四年（西元六一八年），隋朝皇帝楊廣在江都（今江蘇省揚州）離宮，被部下宇文化及等人殺害；這是在三次遠征高句麗均以失敗告終、各地民眾叛亂不斷的情況下發生的事情。

唐朝取代隋朝統一天下。唐高祖李淵於武德五年（西元六二二年）平定江南時，以天子之儀將楊廣改葬於吳公臺下，李淵追諡楊廣為「煬」皇帝。根據《諡法解》，「好內遠禮曰煬，去禮遠眾曰煬，逆天虐民曰煬，好大殆政曰煬，薄情寡義曰煬，離德荒國曰煬」，顯然具有貶義。有意思的是，隋煬帝追贈陳後主陳叔寶為長城縣公，亦諡號「煬」。

智顗曾為楊廣授菩薩戒，並給他取了「總持」的法名；對以國清寺為中心的新興宗派天台宗來說，楊廣無疑是最重要的檀越。楊廣死後，唐朝政權對他的這種評價，可能給天台宗的發展蒙上陰影。

幸運的是，新政權善待佛教，智顗生前建造的天台山諸寺和荊州玉泉寺，沒有受到政治上的打壓；這些寺院保留了智顗的教義，直到唐朝中期，湛然復興天台教學。

天台山系與玉泉寺系

灌頂入滅以後，天台宗的主要道場分為天台山和荊州的玉泉寺，智威（西元？至六八〇年）承繼以天台山國清寺為主的天台山系，玉泉寺系由道素繼承了天台教學，智威和道素都是灌頂的門下。

天台山系的法脈傳承為智威→慧威→玄朗，他們幾乎沒有對天台教理進行廣泛的弘揚，與當時的政權也沒有積極接觸，只在天台山周邊專注於止觀的實修。實際上，這個時期天台山系的活動幾乎處於停滯的狀態。

玉泉寺的法脈傳承為道素→弘景→惠真，他們積極開展教化活動；主要原因為，玉泉寺所在的荊州位於南北要衝，文化和經濟都很發達，方便與當時的政權以及其他宗派的僧侶進行交流。

玉泉寺系的法盛（生卒不詳）是智顗的弟子，擅長觀心要旨，為唐高祖李淵傳授佛法，被授予「悟真大師」之號。

此外，弘景（西元六三四至七六三年）在京城輔助實叉難陀（西元六五二至七一〇年）翻譯梵本《華嚴經》，還三次入都拜見武后和中宗，並成為授戒師。弘景的門下則有惠真（西元六七三至七五一年）和鑑真（西元六八八至七六三年）。

據李華的《蘭若和尚碑》記載，惠真在遇見弘景之前，已經師從義淨三藏（西元六三五至七一三年）學習律學；此後師從弘景學習「荊南正法」，兼修天台、律、禪。

西元七五三年，鑑真東渡日本，在東大寺建立戒壇，向以天皇為首的四百名僧尼授菩薩戒，是為日本佛教登壇授戒之肇始。

惠真門下聞名的有一行（西元六八三至七二七年）和承遠（西元七一二至八〇二年）。一行年輕時便追隨惠真學習天台止觀，並精通戒律和曆法，接受唐玄宗的敕令，制定了《開元大衍曆》。此後又參加善無畏（西元六三七至七三五年）《大日經》的翻譯事業，撰述《大日經疏》等，以作為密宗（唐密）學者而聞名。

承遠住在與慧思有淵源的南嶽衡山，講經說法，遠近風聞，受教化者數以萬計，唐代宗時的法照國師即其門人；代宗亦曾前來參禮，賜其道場「般舟道場」之號，並賜「彌陀寺」之額。承遠於貞元十八年入寂，世壽九十一，柳宗元為其撰碑文，立石於寺門之右。承遠有弟子千餘人，聞名的有法照、日悟、惠詮、知明、超明等人。

從智顗入滅之後天台宗的動向來看，玉泉寺系獲得的名聲遠遠超過了天台山系。但是，後世的天台宗不承認玉泉寺系天台的正統性。因為，玉泉寺系僧眾不只是提倡智顗的教學，還提倡禪、律、淨土等新說；這種兼修各宗思想、以尋求教理融合性的傾向，會喪失智顗建構之天台止觀思想的優越性，也會逐步減弱天台宗教團的存在意義。

與陷入困境的天台山系不同，玉泉寺系利用地理優勢，積極向外傳播智顗的學說，這由善無畏三藏的俗家弟子李華（西元七一五至七六六年）和日本僧人圓珍（西元八一四至八九一年）等人的著作中能夠得知。以玉泉寺為中心的天台教學，對唐初佛教界的影響不容忽視。

唐朝初期智顗教學的影響

智顗入滅後不久，其教學由玉泉寺的法盛傳到了唐王朝的都城。法盛和後來玉泉寺的僧人們，具體以怎樣的形式將天台教學傳播到各地，僅憑現存的資料難以考證；但智顗所創立的止觀雙修教學體系，確實對當時的佛教界產生了很大的影響。

以終南山豐德寺為中心創立南山律宗的道宣（西元五九六至六六七年），在智顗入滅前一年出生於吳興（今浙江省湖州市）。他高度評價智顗的止觀法是古今罕見的學說，在自己的戒律觀中也引入了止觀法門，認為持戒具有戒掉妄念的止持和通過身體行為的作持，提出應該根據止觀的「五停心觀」進行修行。道宣為玉泉寺弘景授具足戒，弘景的弟子鑑真也作為南山律宗的繼承者，東渡日本宣揚戒律。

華嚴宗的杜順，比智顗年輕近二十歲。據傳為其著作的《華嚴五教止觀》，在「小、始、終、頓、圓」五教中，分別闡明了止觀的特性；雖然內容不盡相同，通過「止觀」一詞的使用，也可以看出深受智顗影響。

華嚴第三祖法藏，與弘景一起致力於《華嚴經》翻譯。他在《華嚴五教章》中盛讚慧思和智顗，意味著他極為關注天台宗。另外，從法藏判斷《華嚴經》是圓教還是密教的取向中，可以看出他試圖突破天台教學之教判論的意圖。法藏的教學中有吸取天台宗諸說的痕跡；後世天台宗的湛然、與宋代的知禮，將這些學說作為對教理誤解的事例加以批判。

密宗高僧一行，又稱一行阿闍梨，是精通天文曆算的僧侶，年輕時跟隨玉泉寺惠真學習天台止觀，之後來到天台山國清寺求學。其著作《大日經疏》中，借用智顗的「空、假、中」三諦，解釋作為一切真言根本的「阿」字門，把真言的誦持分為世間念誦和出世間念誦，並指出基於圓教數息觀的天台誦經法是世間念誦的最上法門；出世間的念誦不應口稱頌真言，而應在真言的字句中加入觀法。但是，一行認為《大日經》是最高經典，這一點與天台宗的《法華》至上思想存在立場上的差異。

北宗禪之祖神秀（西元六〇五至七〇六年），是禪宗五祖弘忍弟子。弘忍去世後，在荊州當陽山玉泉寺傳法，聲名遠播。據《傳法寶紀》記載，神秀主張「漸修定慧」，與南宗惠能的「頓悟」思想截然相反。張說（西元六六七至七三〇年）在《大通禪師碑》中說，神秀禪法的特徵是忘掉妄念、靜心於攝心。《六祖壇經》中，「住心觀淨」才是神秀向眾人展示的說法。

永嘉玄覺禪師（西元六六五至七一三年），八歲出家，博探三藏，尤通天台止觀。拜訪曹溪惠能，與惠能相問答而得其印可；惠能留之一宿，翌日即歸龍興寺，時人稱之「一宿覺」；其繼承六祖之法，改宗禪宗。

玄覺的思想中有台禪融合的痕跡，這成為後世天台僧經常探討的話題。宋代的神智從義（西元一〇四二至一〇九一年），就玄覺在《永嘉集》中援用天台教理這一點指出，玄覺始終使用天台的圓頓法門，但不明示是天台的，這如同奪他人之物為己所有。但是，《釋門正統》中，對《景德傳燈錄》所記載之玄覺改信惠能的「一宿覺」提出質疑。

《佛祖統記》中，善導是淨土宗第二祖。分析其思想背景的話，從道綽和華嚴的智儼（西元六〇二至六六八年）的教學中受到的影響最大，與智顗的淨土觀不同。而不可否認的是，善導的《觀經疏》中所顯示的坐禪方法，意識到了智顗的《天台小止觀》。

從灌頂示寂，到湛然出世為止的天台宗，沒有大幅發展智顗教學的跡象。

而天台宗玉泉寺系僧侶的出色表現，令人在唐代開始出現的律、華嚴、密、禪宗、淨土等諸宗繁榮昌盛的歷史背景中，一直會意識到智顗教學的存在，這是在天台宗歷史上應該大書特書的事情。

湛然的生平與教學

湛然（西元七一一至七八二年），人稱荊溪尊者、妙樂大師。在天台宗的史傳書中，大多記載湛然為天台第九祖；但若從開祖智顗開始算起，應該是第六祖。湛然俗姓戚，出生於常州晉陵郡荊溪（今江蘇省宜興市），家世業儒，而獨好佛法。十七歲從金華方岩（又作芳岩）受天台止觀；二十歲入左溪玄朗之門，研習天台宗教義，盡得其學。三十八歲於宜興淨樂寺出家，又至越州從曇一學律，後於吳郡開元寺講《摩訶止觀》。

玄朗示寂後，湛然繼其席，以中興天台宗自任，提出「無情有性」之說，主張木石等無情之物亦有佛性，發展天台教義。歷住蘭陵、清涼諸剎，所至之處，四眾景從，德譽廣被。從天寶末年到大曆初年的約十年間，玄宗、肅宗、代宗優詔連徵，皆稱疾不就。全力復興智顗的教學，埋頭於《摩訶止觀輔行》、《法華玄義釋簽》、《法華文句記》等天台三大部的注釋研究；為了與各宗對抗，確立了「超八醍醐」的《法華》至上思想。

湛然在晚年，與江南僧人一同前往北方的佛教重鎮五臺山朝聖。在此，不空三藏的弟子含光聽說天竺也有想學習智顗教說的僧人，而感嘆天竺失去了佛法正統，有見識的人想從智顗的教學中求得正法，唐土同道卻不瞭解此事。湛然聽了這樣的感嘆，更加堅定了復興天台的志向。

建中元年（西元七八〇年），湛然回到天台山；建中三年（西元七八二年）二月五日，示寂於佛隴道場。湛然的墓與灌頂的墓一同供奉在天台山智者塔院，俗家弟子翰林學士梁肅在碑銘上題「煥然中興」，這是對湛然復興天台宗功績的最高讚美。

湛然的教學，與融合諸宗的玉泉寺系完全不同，極大程度上發揮了智顗教學的獨創性，發展成能夠適應時代變化的教學。其教學特點如下——

第一，關於天台相承說，灌頂提出了「金口相承」和「今師相承」兩種相承系統，明確指出智顗的教學維持了佛法的正統性。由於地理與歷史間隔較大，在如何將龍樹的教學與慧文、慧思、智顗的思想結合起來方面，留下了很大的課題。另外，天台教學與同時代的其他佛教學派有何不同、天台教學有何權威和獨創性，也是天台宗學者亟需解決的重要問題。

面對這些問題，湛然在灌頂的兩種相承說基礎上，提出了「九師相承」的新說，認為智顗的天台教學已經將同時代具有代表性的九師實踐方法加以取捨，集為大成。從現存資料來看，很難查明這些大師的實際情況；但可以推測出，智顗在諸種「觀法」的整合性上頗費了一番苦心。在這個意義上，湛然提出的「九師相承」說，是以教理與實踐的統合為目標的「教觀相循」，直接關係到天台教學的根本問題，具有重要意義。

第二，天台教理的新發展。由於唐代興起了華嚴宗和法相唯識宗等宗派，在其陰影之下，天台教理的基礎發生了動搖；如果沒有新的發展，天台教學就無法取回曾經存在的意義與重要性。因此，湛然著眼於智顗教學中未曾提及的《大乘起信論》思想。

《大乘起信論》的「一心二門」說，即人的心具有真實與迷惑的兩面性，兩者有著無法分離的關係。華嚴的法藏將「一心」視為「一如來藏心」，湛然則將「一心」解釋為「眾生心」、「剎那一念心」，重新強調天台教學中「觀心說」的優越性。

另外，湛然還非常關注法相宗開祖慈恩大師窺基（西元六三二至六八二年）的教學。窺基根據玄奘的新譯經典，撰寫了《法華玄贊》，提出與天台宗不同的《法華經》新解釋；對此，湛然撰寫了《法華文句記》，對《法華玄贊》的新解釋進行糾正。當時甚為朝廷看重的慈恩派對《法華》的解釋，在佛教界的影響越來越大，湛然對此產生了危機感。

當時，慈恩派系統的安國寺不僅開設《法華》講義，還涉足《法華》實踐，試圖瓦解在《法華》實踐中標榜優勢的天台宗。對此，湛然在《法華文句記》中，批判了窺基在《法華玄贊》中提出的《法華》實踐論；他指出，不論《法華》的實踐還是講義，不根據天台智顗的說法，就不能說是正確的——要以《法華玄義》為引導、《摩訶止觀》為實踐、《法華文句》為證明，總之就是必須依靠天台三大部的教導。

第三，菩薩戒儀的展開。智顗曾為陳後主、隋晉王等眾多道俗授菩薩戒。在《法華玄義》中，智顗將五戒、八戒、十善戒、具足戒定為聲聞戒，判定「十重、四十八輕」的「梵網戒」屬於別教和圓教的菩薩戒；而且，持佛淨戒的佛戒即為圓戒，圓戒才是最高級的戒。

天台宗的菩薩戒儀，在智顗時代已經形成，作為天台儀軌之一廣泛實踐。湛然的《授菩薩戒儀》，進一步完善了智顗的菩薩戒儀。此書也稱為《十二門戒儀》，由開導、三歸、請師、懺悔、發心、問遮、授戒、證明、現相、說相、廣願、勸持等十二項組成；其中，最能體現天台教學特色的是「懺悔」。

智顗將「懺悔」作為天台儀軌的中心，有很多關於懺法的著述，實踐各種懺法。《摩訶止觀》中指出，懺悔法不適用於小乘戒，受大乘戒則需要懺悔。湛然進一步規定，必須進行上、中、下三品懺悔中的一種，由此確立了受戒時的懺悔法。

湛然以後的唐代天台宗

湛然之前的唐朝佛教界，是各種宗派十分活躍的時期，法相（唯識）、淨土、華嚴、禪、密教等諸宗都大力發展了教學，玉泉寺系也有將智顗的教學與其他宗相融合的傾向；這一時期，天台的教學終究未能趕上其他宗派的發展勢頭。在這種情況下，中興天台宗的湛然教學，為了對抗唐代興起的各宗思想，在教理方面完善了智顗的學說，重新評價天台祖統說，通過制定菩薩戒儀及法華三昧輔助儀等天台儀軌，加強教學的實踐。

中唐天台宗的主要特徵，是湛然中興天台教學，為了對抗各宗的教學，擴大了以往天台教學的範圍。他在《止觀輔行》、《止觀義例》、《法華文句記》中，批判了禪宗的觀法，提倡「事理雙美」等學說；還在《金剛錍》、《五百問論》中，批判法相宗的佛性論，提出「無情有性」、「草木成佛」等學說。特別是在《法華玄義釋籤》、《止觀義例》、《金剛錍》中，批判了華嚴宗的「真如性起」說，提出「法華超八」、「三處具法」、「真如緣起」等學說。湛然豐富並發展了智顗的教學，對其進行重構；因此，湛然教學的意義獲得極高評價。

從湛然入滅到進入宋代的一百八十年間，中國佛教不僅遭遇了唐武宗發起的「會昌法難」，還經歷了五代十國時代的亂世，以致各宗勢力衰頹，天台宗也不例外；雖然繼續在各地進行教化活動，只是重複智顗和湛然的學說，在思想上沒有很大的發展，天台教學再次進入停滯期。

湛然有直傳弟子三十九人，士大夫等世俗弟子數十人；其中的道邃（生卒不詳）和行滿（西元七三七至八二四年），以作為日本天台宗開祖最澄（西元七六七至八二二年）的老師而聞名。明曠（生卒不詳）也是湛然的弟子，他以智顗和湛然的菩薩戒思想為基礎，著有《天台菩薩戒疏》，完成了圓融菩薩戒思想的系統化。

柳宗元與梁肅

柳宗元（西元七七三至八一九年）是天台宗評價最高的唐代文人。《釋門正統．卷八．禪宗相涉載記》中，關於台、禪二宗的正統性問題，引用了柳宗元撰寫的《大鑑碑》、《龍安碑》、《無姓碑》三篇文章來駁斥禪宗；並指出，就連儒家也承認天台宗的正統性，禪宗自古以來被視為異端是不爭的事實。

另外，柳宗元為讚揚淨土而著的《東海若》，收錄在宋代天台宗的淨土文獻《樂邦文類》中，編者宗曉（西元一一五一至一二一四年）稱讚這篇文章為樂邦文類之冠。正如《無姓碑》所述，柳宗元的宗派意識是傾向於天台宗的。

同一時期，翰林學士梁肅（西元七五一至七九三年）與柳宗元的觀點相同。梁肅是湛然的俗家弟子，三十六歲時，為智顗的《摩訶止觀》進行刪補改定，著成《刪定止觀》六卷。梁肅的文筆以中唐文人韓愈為榜樣，很有功力，柳宗元也稱讚他「最能為文」，後世天台宗對《刪定止觀》的評價也極高。宋代吳克己在〈重刊刪定止觀序〉中，稱此書為「救世明道」之書，「不圖復行於今也。使王公大人知有此書，必不至信讒以廢毀；使搢紳先生知有此書，必不至立論以抵排；使啟禪關者能讀此書，其肯以教外別傳自欺乎；使尋經論者能讀此書，其肯以分別名相自困乎。」

在撰寫與天台宗有關的碑文時，梁肅和柳宗元也有共同之處。宋代宗鑑集天台宗之記傳史《釋門正統．卷二．梁肅傳》記載，「崔恭序之曰，知法要，識權實。作《天台山禪林寺碑》，達教源，用境智，作《荊溪大師碑》，至今山家金石之文，唯此二碑為冠。」梁肅關於天台宗的碑文，影響了同時代的柳宗元，對宋代晁說之（西元一〇五九至一一二九年）等人撰寫的天台宗碑文也有影響。

雖然很難證實梁肅對柳宗元的影響究竟有多大，但至少從兩人的事例中可以得知，當時有一部分士大夫積極地與佛教各宗派接觸，並對其教義進行取捨選擇。

五臺山的天台教學

湛然晚年時，曾與江南的僧侶們一起到五臺山朝聖。五臺山是北方佛教界的重要據點，從北魏時代起，就已經被譽為文殊菩薩的道場，參拜者絡繹不絕。先前在天台宗史傳資料中，幾乎看不到天台教學傳到五臺山的記載，因此誤以為北方的五臺山與天台宗沒有什麼聯繫；而實際上，五臺山在唐代也有天台教學盛行的時期。

日本平安時代的天台宗僧人圓仁（西元七九四至八六四年），在《入唐求法巡禮行記》中記載，他在五臺山向志遠、玄鑑等天台僧參學法華三昧，記錄了五臺山系天台教學與天台山國清寺齊頭並進的盛況，是中國北方天台宗研究的中心。

根據李邕（西元六七八至七四七年）的《五臺山清涼寺碑》記載，天寶七年（西元七四八年），楊貴妃的堂兄楊銛為了玄宗皇帝，向五臺山清涼寺捐獻般若四教及天台宗的論疏等共兩千卷。另外，天台玉泉寺系承遠（西元七一二至八〇二年）的弟子法照（生卒不詳），於大曆十二年（西元七七七年），在五臺山創建了竹林寺，開闢了以智顗念佛三昧說為基礎的念佛道場。由此可見，五臺山佛教最遲於中唐初期開始受到天台宗影響。

唐武宗（西元八一四至八四六年）從會昌二年（西元八四二年）開始，發起了廢佛運動；至會昌五年（西元八四五年），廢佛達到了高潮，史上稱為「會昌法難」。在這場法難中，五臺山的天台教學從表面上退出了歷史舞臺。

然而，日本天台宗第三代座主圓仁，將五臺山學到的法華三昧及念佛法門傳到日本，在日本結出碩果。這在天台宗的發展史中，是不可忽略的事實。

天台山的道教

天台山，又名桐柏；「天台山」為諸山之總稱，「桐柏」等名稱是諸山各隨其勝而來的別稱。

天台山山清水秀，列於道書洞天福地，為東南一大名勝，是中國道教史上著名的仙山，其山勢從東北向西南延伸，由赤城、瀑布、佛隴、香爐、華頂、桐柏諸山組成，多懸崖、峭壁、飛瀑等名勝，為甬江、曹娥江和靈江的分水嶺。道教曾以天台為南嶽衡山之佐理，佛教天台宗亦發源於此。

天台山因「三台星」而得名；三台星，即守護紫微星的上台、中台、下台三星。「上台」被稱為虛精開德星君，「中台」被稱為六淳司空星君，「下台」被稱為曲生司祿星君。三台星君在神話傳說中為宿星之尊，是和陰陽而理萬物的神仙。以今天的西洋星座來看，三台星是大熊座的爪子部分。

南朝劉宋時期，孫詵所著的《臨海記》中，有對天台山的描述：「天台山超然秀出，山有八重，視之如一帆，高一萬八千丈，周回八百里；又有飛泉，懸流千丈似布。故《登真隱訣》云，此山有桐柏，繞四明東南三百里。」

顧愷之（西元三四五至四〇六年）《啟蒙記》的注中，有這樣的描述：「天台山去人不遠，路經福溪，水險清冷，前有石橋，路徑不盈尺，長數十丈，下臨絕冥之澗，惟忘其身，然後能躋。濟者梯岩壁，捫蘿葛之莖度，得平路，見天台山蔚然綺繡，列雙嶺於青霄。上有瓊樓玉閣天堂，碧林醴泉，仙物畢具。晉隱士白道猷得過之，獲醴泉紫芝靈藥。」

六朝陶弘景（西元四五二至五三六年）在《真誥》中，對天台山也有描述：「其山八重，周回八百餘里，四面視之如一。」

天台山高一萬八千丈，周回八百里，山有八重，四面如一，復有四門。智者大師以赤城為南門，新昌石城為西門；徐靈府又以剡縣金庭觀為北門，明代僧人釋傳燈依此以王愛山為東門。作為名山福地的天台山有神靈護衛，自古至今沒有虎狼之患，可謂聖僧道場，神仙窟宅。

天台山是中國道教史上著名的仙山，有金台、玉室、瑤花、芝草等物，可以修煉金丹，故好道之士皆依棲焉。中華民族的始祖軒轅黃帝，曾經前往天台山受金液神丹。周靈王的兒子子晉太子，也在天台山接受浮丘公降授道要，修石精金光藏景錄神之法。

西漢景帝時期，茅盈和其弟茅固、茅衷修煉服食、辟穀術，人稱「三茅」。茅盈謁西城王君，並與王君一同到天台赤城玉京洞，蒞司命之位，出入太微，受事太極。

靈寶派創始人葛巢甫的祖父葛玄（西元一六四至二四四年），十八、九歲時，仙道漸成，入天台赤城，精思念道。遇方士左慈，授以九丹金液仙經、劾鬼秘法、三元真一妙經，行持三年，廣積功效。葛玄還在天台華頂建茶圃，主吃茶修煉。在天台桐柏山建法輪院、降真臺等，立壇授道，開靈寶派之先聲。

六朝時期，晉司徒魏舒之女魏夫人（西元二五二至三三四年）來天台山修道。東華帝君王玄甫降授魏夫人《黃庭經》及成丹二劑，魏夫人乃托劍化形而去。王玄甫被全真道奉為北五祖的第一祖，曾隱居昆侖山，後移居五臺山紫府洞，又到天台山尋真訪道，於天台赤城受服青精飯，吞日精丹景之法。此後，上清派高道許邁，也移居天台赤城，開天台上清派的先聲。

上清派是尊奉上清經系的教派，創始人是東晉天師道士楊羲、許謐、許翽。晉哀帝興寧二年（西元三六四年）。楊羲扶乩降筆，稱紫虛元君上真司命南嶽魏夫人降授《上清真經》三十一卷，命楊羲用隸書寫出，以傳護軍長史句容許謐及其子許遜，二許勤修上清經法得道。上清派以晉代女道士南嶽魏夫人為第一代宗師，楊羲為第二代宗師。楊羲以下依經法傳授次序，第三代至第九代上清派宗師是許穆、許翔、馬朗、馬罕、陸修靜、孫游岳、陶弘景。齊梁時，陶弘景居茅山傳上清經法，開創茅山宗，上清派遂為茅山宗所承襲。

上清派以元始天王和太上大道君為最高神靈。上清派的重要經典《黃庭經》分內外兩篇，全名《太上黃庭內景玉經》和《太上黃庭外景玉經》。《黃庭經》是茅山派的重要經典，也是後代全真道派的功課經。上清派的開創人物均出身士族，造作和傳播的《上清經》，使道教理論更趨成熟，是東晉南北朝江東地區最有影響的道派。

唐代上清派，以茅山為本山，至司馬承禎，又開天台山道派。司馬承禎居天台山，名聲甚大，曾數度應帝王之詔赴京，和陳子昂、李白、孟浩然、宋之問、王維、賀知章等大詩人交遊，道功甚高。司馬承禎在桐柏傳高足薛季昌，薛傳田虛應，田傳馮惟良、徐靈府、陳寡言等，稱天台仙派，是唐代傳上清經策的著名道派。

靈寶派，是因傳《靈寶經》而形成的道派。古《靈寶經》自漢末傳到晉代，不斷增益繁衍。《真誥敘錄》稱，「葛巢甫造構《靈寶》，風教大行。」劉宋初年，《靈寶經》增至五十五卷之多，陸修靜將其中可信的三十五卷加以增修，立成儀軌，使靈寶派信徒日益增多，靈寶之教大行於世。靈寶派重視符籙科教和齋戒儀軌，加強了勸世度人的宗教功能，宣揚普度一切人；在修持方法等方面，吸收了天師道和上清道的長處。靈寶派尊奉「元始天尊、太上道君、太上老君」為最高神，後稱「三清」。其經典、教義教理、科戒儀範等，對後世道教影響甚大。

唐代天台山靈寶派高道主要有葉法善（西元六一六至七二〇年）。顯慶年間（西元六五六至六六〇年），唐高宗李治召其入京講道；玄宗時，復召入京。因他道法高超，深得玄宗賞識，拜鴻臚卿，封越國公，授金紫光祿大夫，功名顯赫。其裔孫葉藏質，居天台山，師事馮惟良；唐懿宗多次召入內廷，請其講道。他精通符術，頗有靈驗，後歸天台山，在桐柏玉霄宮建造了中國最早、最大的藏經處「玉霄藏」，使得天台山在中國道藏史上名聲大振。

天台山的神仙

元朝浮雲山聖壽萬年宮道士趙道一，感慨儒家有《資治通鑑》，佛家有《釋化通鑑》，「唯吾道家獨缺斯文」，因此編集了《歷世真仙體道通鑑》；其中記載，軒轅黃帝曾經「往天台山，受金液神丹」。

伯夷、叔齊，是孤竹君的兩個兒子。武王將東伐殷紂，伯夷和叔齊拉住了武王的馬韁阻止，說：「父死不葬，爰及干戈，可謂孝乎？以臣弒君，可謂仁乎？」武王的隨從上前要殺他們，太公呂尚立即上前阻止說：「此義人也。」並攙扶他們離去。武王推翻了商紂，天下歸順周朝。伯夷和叔齊認為這是恥辱，仍堅持操守，不吃周朝的糧食，隱居在首陽山，靠采薇充饑，最終餓死，保持清節。《天台山方外志》記載：「今桐柏觀有二石像，刊刻奇古，體色溫潤。」

彭宗，西周彭城（今江蘇徐州）人，字法先。周穆王時，招英賢真人，遂應聘而至。年二十，師事太極真人杜沖，授丹經五千文。傳說能三日三夜始通一息，或沉沒水底，竟日方出。若瞑目僵臥，輒一年許不動。一百五十歲，常如二十年少。周厲王丙申，太上遣仙官下迎為太清真人，治天台赤城宮。

王喬，春秋時人，又名王晉，字子晉，又字子喬，周靈王太子，幼好道術，喜吹笙作鳳鳴音，百鳳皆彙集於庭。曾游伊、洛，遇道人浮丘公接引至嵩山，修煉石精金光藏景錄神之法。三十餘年後，家人見王子喬在緱氏山，乘白鶴升天而去。道教中封其為右弼真人，統領天台桐柏山。唐景龍二年（西元七〇八年），在天台桐柏山建王喬仙壇，後改成妙樂院。五代時，封為元弼真君。

控鶴仙人，天台山元靈老君、華真仙師，遣第七仙子，名屬仁，秉雲駕鶴遊歷武夷山，安排地仙見張湛等，各有仙分，乃遣何鳳兒往天台山取籍檢視，仙籍各有姓名，乃安排魏王而下一十三人同居此山。

茅盈，字叔申，漢景帝時咸陽人。年十八上恆山修道，旋隱江南句曲山，與其弟茅固、茅衷修煉采藥，治病活人，世稱「三茅真君」。《天台山方外志》記載，茅盈「少秉異操，天才穎爍。十八棄家，遇西城王君，告以玉佩金瑺之法，玄跡渺邁，白日神仙，乘飛步虛，越波淩津，靈官奉從，著於民日，節旄旌旗，光耀天下，並教二弟，茅固、茅衷上道，三神乘鶴，各治茅山。盈與王君俱去到赤城玉洞，涖司命之任，出入太微，受事太極也。」

李奉仙，東蜀人，自幼不語，年十八，常欲寒棲，以避臭茹。人問之，曰：「知白守黑，道貴昏默。我師南嶽公雲，周靈王太子，吹笙者也；今授子朱綱之法，將升度南宮。吾師浮丘公授予，今付於子，子宜勤守，若更此生，萬劫不度。吾將為南嶽司命，侍帝晨，又補桐柏真人。」言訖遂隱。漢宣帝詔，亦不出仕。

劉晨、阮肇，《天台山方外志》記載，漢永平五年，剡縣劉晨、阮肇共入天台山，迷不得返，經十三日，糧盡，饑餒殆死。遙望山上有一桃樹，大有子實，永無登路，攀緣藤葛乃得上，各瞰數枚而饑止體充。復下山，持杯取水欲盥漱；見蕪青葉從山腹流出，甚鮮新，復一杯流出，有胡麻飯摻，便共沒水，逆流行二三里，得度山，出一大溪邊。有二女子姿質妙絕，見二人持杯出，便笑曰：劉、阮二郎捉向所失流杯來。晨、肇既不識之，緣二女子便呼其姓，如似有舊，乃相見，而悉問：來何晚？因邀還家。其家銅瓦屋，西壁東壁下各有一大床，皆施絳帳四維，帳角懸鈴，金銀交錯，床頭各有十侍婢。敕雲，劉阮二郎經涉山岨，向雖得桃實，猶尚虛，可速作食；食胡麻飯、山羊脯、牛肉，甚美。食畢行酒，有一群女來，各持五三桃子，笑曰：賀汝婿來。酒酣作樂。暮令各就一帳宿，女就之，言聲清婉，令人忘憂，遂停半年。氣候草木是春時，百鳥啼鳴，更懷悲思，求歸甚苦。女曰：罪使君思家，當可如何？遂呼前來女子，有三、四十人，集會奏樂，共送劉、阮，指示還路。既出，親舊零落，邑屋改異，無相識。問訊，得七世孫，傳聞上世入山，迷不得歸。至晉太元八年，忽復去，不知何所。

劉晨、阮肇在天台山遇仙的傳說流傳甚廣。唐代詩人元稹（西元七七九至八三一年）遊天台山，作《劉阮妻》詩：

仙洞千年一度開，等閒偷入又偷回。

桃花飛盡東風起，何處消沉去不來。

王思真，位為太上侍經仙郎。漢靈帝光和二年（西元一七九年）巳未正月一日，太上老君降於天台山，命思真披九光之韞，書洞玄、太洞等經三十六卷，以授太極左仙公葛玄。

張皓，字文明，汝南人。漢安帝永初中，遇封衡，授以空炁金胎之道，青要紫書，金根上經及神丹半兩，從而戒之，日勤則得之，替則失之。皓俯伏受命，入赤城山，服丹行道，久之耳能洞聽，目能徹視。常有學道者來訪之，則或為白鶴，或為飛雲，搏空遊虛，隱沒莫見。魏明帝太和初（西元二二七年）卒，道門中授乙太清高仙真人。

陰長生，東漢時新野（今河南新野市）人，出生巨族而不好榮華，入忠州平都山修煉丹術。聞馬明有度世法，乃至南陽太和山從之學道，後與馬明同入青城山，煮黃土為金。馬明傳授太清金液神丹法及丹藥，服之仙去。著《丹經》九篇，遺四言詩三章傳於世。受太上之命，住天台赤城。

葛玄（西元一六四至二四四年），三國吳琅琊人，字孝先，號葛仙翁。是葛洪的祖父，好神仙之術，相傳曾從左慈學道，曆遊諸多名山，世稱為「太極仙翁」。光和二年（西元一七九年）正月朔，感太上老君敕真人徐來勤等，同降於天台，授《靈寶經》三十六部，及上清齋法二等，並三籙七品齋法。今桐柏有法輪院三真降經之處，及仙公役鬼所築受誥壇存焉。又得分形萬化之術、靈感應變之法。道成，乃於天台山立壇，授道微《五嶽真形圖》，曰：吾昔受左元放先生，今付於汝。後玉帝三頒錫命，服閤皂綀成之丹，聞仙樂嘹亮，旌幢翳天，坐八景琅輿，仙童玉女左右衛迎，白鶴繞空，冉冉而舉，位為太上玉宗太極左宮仙公。

袁根、柏碩，剡縣人，因驅羊度赤城山，忽有石門豁然，見二女方笄，遂為室家。後謝歸，女以香羹遺之。根後羽化，碩年九十餘。

班孟，是女子能飛行，服酒餌丹，年四百歲，色如少女，能飛行坐虛空之中與人談語；又能入地中，初沒足，漸至腰及胸髻，良久而盡沒不見。又以指刻地，即成井可汲，指人瓦屋即飛。嘗取人桑果數千株，聚之如山十餘日，吹之各還其本處如故。又能含墨水，噴紙成文，字皆有意義。後入天台山仙去。

魏夫人（西元二五二至三三四年），名華存，字賢安，任城人，晉司徒魏舒之女。幼時好道慕仙，西王母降之，授以王清隱書三十餘真名歌陰歌陽歌之曲，王母為之和上元夫人，亦答歌王母及上元夫人。紫陽左仙公太極仙伯清虛王君，乃攜華存同去東南行，俱詣天台山洞宮玉宇之下，後托劍化形而去，被封為南嶽夫人，後代又以為花神之首。唐杜甫《望嶽》詩中有「恭聞魏夫人，群仙夾翱翔。」

王玄甫（西元?至三四五年），沛縣（今安徽濉溪縣）人，隨吳人鄧伯元學道，於天台赤城受服青精飯、吞日精丹景之法。內思洞房，積三十四年，乃內見五臟，冥夜中能書。晉穆帝永和元年正月十五日，天帝遣羽車迎之，與鄧伯元垂雲駕龍，白日升天，為中嶽真人。

許邁（西元三〇〇至三四九年），一名映，又名玄，字叔玄，東晉時丹陽句容（今江蘇省）人。許家世代為官，而邁性慕玄門，清虛懷道，從郭璞習得筮卦之法，又師事鮑靚，修上清中部法、三皇內文，服氣辟穀，食餌蒼術。博學能文，與許詢、王羲之父子交往甚密。後移天台赤城，遇王世龍，得傳解束反行之道，采藥服咽，補腦還精。三年後，道業精進，面如童子，身輕體健。著詩十二首，多論神仙服氣事。

羊愔，傳為泰山人，官至夾江縣尉，罷歸縉雲，兄羊忻為台州樂安令。游阮郎亭，崖上有字，世傳阮肇題；愔醉亭畔，七日方醒。夢入洞遇靈英，食青靈芝，百節俱輕，自括蒼山往天台一日可到，日行三四百里。

徐則，東海郯縣（今山東郯城縣）人，少時文靜寡言，稀有嗜好。師從周弘正，能體悟道奧，精於闡論玄義，故聲名流播都邑。徐則淡泊名利，不曾娶妻生子；平常多粗布裝，一心只在修煉得道。陳宣帝太建年間（西元五六九至五八二年），應召入至真觀；不久，又辭入天台山。自此絕穀養性，所資唯松水而已，能以體內真氣抗寒防凍，雖嚴冬季節也不服棉絮。先前在縉雲山時，太極真人徐君降而謂徐則曰：「汝年出八十，當為王者師，然後得道也。」晉王楊廣鎮守揚州，慕其名而遣使持手書召之。徐則對門人言：「吾今年八十一，王來召我，徐君之旨，信而有證。」因之入揚州，欲傳楊廣道法，而未及十日，徐則便厭塵羽化。卒時焚香煙繞，如平常朝禮之儀，停留數旬，顏色無變。晉王下書哀悼，並遣使送返天台山安葬。徐則靈柩未返，而其靈魂已先行，自江都到天台山，沿路徒步而行。至舊居，取經書道法分遺弟子，並令淨掃一房，以迎客至，實際上是迎其靈柩。楊廣聞訊愈加稱奇，贈物千段，遣畫工圖其狀貌，命柳辯撰寫贊文。

王遠知（西元五二八至六三五年），又名遠智，字廣德，原籍琅琊臨沂（今山東），後為揚州人。出生於世宦之家，其母夢靈鳳有娠。僧寶志曰：生子當為神仙宗伯。七歲時，日覽萬言。十五歲入華陽，師事陶弘景，授三洞正一法。弱冠，又師從時稱「宗道先生」的臧矜學習，得諸祕訣。潘師正（西元五八六至六八四年）是其入室弟子，而司馬承禎（西元六四七至七三五年）是潘師正的弟子。王遠知善易，知人生死禍福，著有《易總》十五卷。一日，雷雨雲霧中，老人叱之曰：「汝所著書何在？上帝命吾攝六丁雷電攝取。」遠知方懼，傍有衣青衣人已捧書立矣。老人責曰：「上方禁文自有飛天保衛，金科祕於玄都，汝何敢輒藏緗帙？」遠知對曰：「青溪之老傳授。」

開皇十二年（西元五九二年），楊廣為揚州大都督，厚禮敕見。大業七年（西元六一一年），隋煬帝召見於涿州臨朔宮，親執弟子禮，問以仙道事。隋煬帝歸朝，扈駕洛都，奉敕於中嶽修齋儀，復詔移居洛陽玉清玄壇。唐太宗為秦王時，親授三洞法策於官邸。太宗即位，以疾固辭還山，時人稱為「王法主」，敕於茅山造太平觀居之。貞觀九年卒，時年一百二十六歲。高宗調露二年（西元六八〇年），追贈「太中大夫」，封號「升真先生」。武則天嗣聖元年（西元六八四年），追贈「金紫光祿大夫」，改號「升玄先生」。

司馬承禎（西元六四七至七三五年），字子微，法號道隱，自號白雲子、天台白雲子、白雲道士、赤城居士，河內郡溫縣（今河南省溫縣）人。道教上清派第十二代宗師，曹魏太常司馬馗的後代，北周琅琊郡公司馬裔的玄孫。自幼好學，淹通詩書，薄於為吏，喜方外遊。年二十一，拜潘師正為師，出家於嵩山，深得潘師正賞異，受授《金根上經》，三洞祕篆及服食導引等修道微旨，後隱居浙江天台山紫霄峰。則天武后召至京師，與當時達官雅士陳子昂、盧藏用、宋之問、王適、畢構、李白、孟浩然、王維、賀知章交往甚密，時人稱為「仙宗十友」。

其中有好友盧藏用，曾隱於終南山，後官居要職，有「隨駕隱士」之稱。見司馬承禎將還天台，就指向終南山對他說：「此中大有佳處，何必天台？」司馬承禎以詼諧而譏誚的口吻說：「以僕觀之，乃仕宦之捷徑耳。」「終南捷徑」由此成為人們耳熟能詳的典故。司馬承禎無意仕宦，相傳睿宗再三詔請，他才應召出山，但離開十餘里就後悔了，後世便稱此處為「司馬悔山」（今台州天台山北），是道教第六十福地。

司馬承禎於人品及學術負有盛名，被尊為帝師。武則天聞其高名，請至東都洛陽，親降手敕，加以讚美。景雲二年（西元七一一年），二次登基的睿宗李旦，令兄長迎司馬承禎入西京長安宮中，問以陰陽術數和修身治國之事；司馬承禎以道家「順物自然」、「淡漠無為」等思想為宗旨，向睿宗說教，深受贊許。後來，睿宗確實禪讓皇位給兒子李隆基（即唐玄宗），體現了道家無為不爭的精神。

開元九年（西元七二一年），司馬承禎在東都洛陽的宮殿內，為玄宗舉行了一場莊嚴隆盛的授籙儀式，玄宗成為一名道士皇帝。為唐玄宗授籙後，次年，司馬承禎請辭還天台；玄宗以詩相贈，標舉司馬承禎高蹈出塵之風，亦流露出對這位賢才的不捨之情。開元十二年（西元七二四年），司馬承禎再應玄宗之召入京，講授上清經法。玄宗厚愛之，從其所請，敕五嶽各建真君祠一所，主管祭祀；這意味著道教取得了參加國家重要祭祀的權利，大大提升了道教的地位。這一由司馬承禎首開的先例，是道教史上的重要事件。

司馬承禎多才多藝，是全能型的道士。一生著述，除道教經書、經贊外，還涉及詩詞文賦、碑序銘表、樂曲琴論、醫藥本草等，十分豐富。同時精於書法，擅長篆、隸書，自成一體，被稱為「金剪刀書」。其道教哲學思想，以「道」為萬物之源，以「氣」為宇宙之本，以「形神互衛」為修習宗旨，兼收佛教止觀、禪定學說，主張去物欲、斷諸緣、除敝病、簡塵事的靜心無欲修道理論，對北宋內丹學的形成有頗大影響，是中唐時期道教史上一位重要的道教學者。著有《修真精義論》、《服氣精義論》、《修真祕旨》、《坐忘論》、《洞玄靈寶五嶽名山朝儀經》、《上清天地宮府圖經》、《上清含象劍鑑圖》等。弟子七十餘人，其中以李含光、薛季昌最為著稱。

開元二十三年（西元七三五年），司馬承禎於王屋山羽化，享壽八十九歲。玄宗封贈銀青光祿大夫，謚貞一先生；宋政和年間，封為丹元真人。

陳世安，京兆人，是灌叔平的門人弟子。稟性慈仁，行見鳥獸，下道避之，不欲驚動，不踐生蟲，未嘗殺物。有二仙人托為書生，乃以藥兩丸與之，並告誡，歸家，勿復飲食，別止一處。世安依誡，二人常往其處。叔平見世安不服食，但飲水，止息別位，疑非常人，自知失賢，乃歎曰：「夫道尊德貴，不在乎年齒；父母生我，然非師則莫能使我長生也，先聞道者則為師矣。」乃自執弟子之禮，朝夕拜事世安，為之灑掃。世安道成，白日升天，治小台山。

謝自然（西元？至七九四年），中唐時華陽（今屬四川）女道士。自幼入道，誦經過目不忘。好琴書，善筆劄，能屬文，言談迥高。年四十，歷覽名山洞府靈跡。後聞天台山司馬承禎有道德，往師事之。執掃三年，毫無懈怠，終以誠相感，得授上清大法。唐德宗貞元十年，白日仙去。

汪子華（西元七一四至七八九年），字時美。唐玄宗開元二年，生於蔡州汝陽縣（今河南汝南縣）。年四十，而三舉不第，嘆曰：「年逾不惑，不登仕版，何面目見朋友乎？吾將學黃老之學，而臣於帝鄉矣。」遂與顏真卿同師白雲先生張約，再師天台赤城先生司馬承禎。遇祿山之亂，棄家雲遊。經南嶽祝融峰下，修道九年，不下山。真卿為盧杞所陷，使淮西為李希烈縊死。師再遇紫虛元君親幸南嶽，授以至道，再修二十八年，丹成道備。貞元五年庚午正月七日，奉詔白日升天。

李元，唐玄宗時，常游華山下，唯採諸藥食之；性復好酒，山下人多以酒招待。忽一日，騎一白鹿去遊天台，有老父三人遮道，欲留之，問：「君方食華山之藥又游天台，何所食也？」答以：「我在華山即食華山之藥，在天台即食天台之藥也。」並留三丸藥與老父，令速食之，乃上白鹿而去，不知所之。後二老父即食其藥，皆壽至一百五十歲；一老父不食，經數月便死。

王可交，世傳為「王仙人」，蘇州昆山（今屬江蘇）人。初以耕釣自業，居於松江南趙屯村。年三十餘，人莫知其有真道。三月三日（一說唐懿宗咸通十一年〔西元八七〇年〕十一月），行舟江上，遇仙人道士七人，稱其「好骨相合仙，生於凡賤」，與酒換骨，又與仙栗食。歸時遇樵者與僧十餘人，具告其事，言談之中，知此日已九月九日，去三月三日已半年餘。此地乃天台山瀑布寺前，離華亭水陸千餘里，可交自訝不已。眾僧乃以狀白縣達州，越州廉使王渢素奉道，召之見，報以為非常之事；又以可交與他同姓，更敬之，遂飾以道服。

後歸鄉絕穀，動靜若有神助，不復耕釣，乃挈妻、子，入四明山隱居二十餘年。復出明州賣藥，使人沽酒，得錢便施捨於人。時言，藥則仙人壺公所授，酒則餘杭阿母相傳；藥極能治病，酒甚醉人。明州里巷皆言，「王仙人藥、酒，世間不及」。道俗多圖畫其形像，用以禳災驅邪。後三十餘年，入四明山不復出，今人時有見之者。

許碏，高陽人。青年時期認真讀書為進士作準備，但屢次應舉不第。晚年在王屋山學道，周遊過五嶽名山洞府。後來從峨眉山經兩京，又由襄汴來到江淮，歷茅山、天台山、四明山、仙都山、委羽山、武夷山、霍桐山、羅浮山，在天台懸崖人不及處題字「許碏自峨眉山尋偃月子到此」；筆蹤神異，竟莫詳偃月子也。遊廬江，醉吟一詩「閬苑花前是醉鄉，踏翻王母九霞觴；群仙拍手嫌輕薄，謫向人間作酒狂。」人皆笑為風狂。而他說：「我是天仙，方才在昆侖山上參加宴會，因為有失禮儀被貶謫下凡。」後來，正值春天景色，滿頭插著鮮花，手握花束起舞，到酒家樓上去醉酒作歌，升上彩雲飛走了。

王旻，號太和先生。居洛陽青羅山，往來天台。開元中（西元七一三至七四一年），徵至京師，玄宗見其童顏鶴髮，頗加恩禮。時玄宗於茅山得楊、許眾真及陶弘景所寫上清諸經真跡，其中缺文十三頁，帝特命王旻奉璽書信幣詣茅山紫陽觀，請玄靜先生補書之。著有《山居雜錄》三篇。

夏侯隱，唐宣宗大中末年，遊天台，獨止一室，或露宿草樹間。每登山渡水，閉目而睡，同行聞其鼾聲而行不蹉跌，謂之睡仙。

天台山的道士

劉根，字君安，京兆長安（今西安）人，漢成帝綏和二年（西元前七年），舉孝廉，後棄世入嵩山學道，遁入松山石室，嘗至天台赤城訪紫極君。相傳劉根毛長一二尺，顏如十四歲人，深目多鬚，鬢長三四寸。潁川大疫，死者過半，劉根禳解，病者即疫氣登絕。

劉根道術得華山神仙韓眾傳授，能召鬼。潁川太守史祈以為妖，遣人召根，欲戮之。至府，語曰：「君能使人見鬼，可使形見；不者，加戮。」根曰：「甚易。」借府君前筆硯書符，因以叩幾。須臾，忽見五六鬼，縛二囚於祈前；祈熟視，乃父母也，向根叩頭曰：「小兒無狀，分當萬死。」叱祈曰：「汝子孫不能光榮先祖，何得罪神仙，乃累親如此！」祈哀驚悲泣，頓首請罪。根默然忽去，後入雞頭山中仙去。

白雲先生，晉代人，隱居靈墟（在台州唐興縣北，即今浙江天台）。《唐野史》云，貞觀中，太宗嘗與魏徵論書，徵奏曰：「王右軍昔在永和九年莫春之月，修禊事於蘭亭，酒酣書〈序〉時，白雲先生降其室而嘆息之。此帖流傳至於智永，右軍仍孫也，為浮屠氏於越州雲門寺。智永亡，傳之弟子辯才。」上聞之，即欲詔取之。徵曰：「辯才寶此過於頭目，未易遽索。」後因召至長安，上作贗本出示，以試之。辯才曰：「右軍作此三百七十五字，始夢天台子真傳授筆訣，以永字為法。此本乃後人模仿爾！所恨臣所收真跡，昔因隋亂，以石函藏之本院，兵火之餘，求之不得。」

夏馥，南朝梁代陳留（今河南省開封市陳留鎮）人，字子治。入天台桐柏山遇王真人，授以黃水雲漿之法，行之得道；今在洞中為明晨侍郎，見陶弘景《真誥》。

褚伯玉（西元三九四至四七九年），字元璩，東晉太元十八年出生於錢塘（今杭州）。褚伯玉丰采飄逸，羨慕神仙沖虛，潛心修道。年十六，家為娶婦，乘車而入，先生踰垣而出，隱於天台中峰二十年。樵人見之在重岩之下，顏色怡怡，左右唯有松屑二褁（裹），由是遠近知之。齊高帝徵之不起，乃移居大霍山仙去。

葉法善（西元六一六至七二二年），字道元，號太素、羅浮真人，括州括蒼縣（今浙江省松陽縣古市鎮卯山后村）人，祖籍南陽郡葉縣，唐朝道教符籙派茅山宗天師，歙州刺史葉慧明之子。母劉氏，因晝寐，夢流星入口，吞之乃孕，十五月而生。年七歲，溺於江中，三年不還。父母問其故，曰：「青童引我，飲以雲漿，故少留耳。」好古學文，詩書禮樂，精研周易，耽味老莊。師從天台茅君、青城趙元陽與嵩山韋善俊，傳習符籙，厭劾鬼神，四代修道，皆以陰功密行及劾召之術救物濟人。

顯慶年（西元六五六至六六一年）中，奉命修黃籙齋於天台山桐柏觀。一生經歷唐高祖、唐太宗、唐高宗、武則天、唐中宗、唐睿宗、唐玄宗七朝，發揚道教音樂，傳承道家法脈，深得尊寵，累授金紫光祿大夫、員外鴻臚卿，冊封越國公、景龍觀主，加號「元真護國天師」。開元十年去世，時年一百零七歲，追贈越州都督。開元二十七年（西元七三九年），唐玄宗親撰《葉尊師碑》作為祭奠。

吳筠（西元？至七七八年），字貞節，華州華陰人。少通經史，尤善屬文，舉進士不第；又因性情高鯁，不耐沉浮於時，年十五即與同好者隱於南陽倚帝山。開元中，南游金陵，訪道茅山，依潘師正究其術，東遊天台。與吳筠交遊者，多當時之名士文人。在剡中（今浙江嵊縣）與越中文士為詩酒之會，所著歌篇傳於京師。唐玄宗聞其高名，遣使徵之，召見於大同殿，與語甚悅，令待詔翰林。安祿山將亂，吳筠求還茅山，許之。安祿山攻陷兩京，江淮盜賊多起，遂東入會稽，往來於天台、剡中，與唐代大詩人李白、孔巢父詩篇酬和，逍遙泉石間，人多從之。大曆十三年，在剡中忽焚香反真。

其主要著作有《玄綱論》和《神仙可學論》。此外，《通志．卷六十七》又載其所著《心目論》、《復淳論》、《形神可固論》、《坐忘論》、《明真辯偽論》、《輔正除邪論》、《契真刊謬論》、《道釋優劣論》、《辯方正惑論》各一卷。編著有《宗玄先生文集》二十卷。

賀知章（西元六五九至七四四年），字季真，自號「四明狂客」，唐越州永興人。武則天時進士，官至太子賓客、祕書監，故時稱為「賀監」。擅長草、隸書，亦擅長文辭，其詩風格淡雅而雋永，時出巧思。性曠達，善說笑，嗜酒，與李白、張旭等人交往頻繁。看到李白的詩文時，即讚為「謫仙人也」，後成為忘年之交，並把李白引薦給唐玄宗為官。他常與李白、李適之、李璡、崔宗之、蘇晉、張旭、焦遂飲酒賦詩，切磋詩藝，時稱「醉中八仙」，與包融、張旭、張若虛，結為「吳中四士」，亦與陳子昂、盧藏用、宋之問、王適、畢構、李白、孟浩然、王維為「仙宗十友」。後因病夢游天庭，有真人點悟得道，隱居於鏡湖，於天台山升仙，享年八十六歲。

田虛應，唐代齊國（今屬山東）人，字良逸。為人質樸，直言無忌。事母至孝，母亡乃遊名山大川，放志江湖，師事司馬承禎高徒薛季昌，盡授上清大洞秘法，精祈雨呼風之術，屢顯靈異。唐憲宗元和年（西元八〇六至八二〇年），隱居天台山，隨方宣教，不復出。憲宗詔，不赴，神人持金爐降詔，因羽化。江浙三洞之法，以虛應為祖師。

馮惟良，字雲翼，相州（今河南安陽市西）人。嘗修道於衡岳中宮，安爐置鼎，煉丹合藥，於降真堂師田虛應，得授三洞祕訣。唐憲宗元和年間，惟良東入天台山，與徐靈府、陳寡言相交友善，共修至道。唐憲宗詔入京師備問，辭不赴，於華林谷建棲瑤觀隱居，常悠然獨往桃源、金陵等地，累月一歸。享年九十。

吳善經（西元七三二至八一四年），縉雲仙都山（今屬浙江省）人。少讀《道德經》、《靈寶》諸經，仰慕方外之遊。年十七，遍登天台、茅山諸名山，後入太清宮，師事申沖虛出家為道士。

應夷節（西元八一〇至八九四年），字適中，東陽郡（現浙江金華蘭溪峴坦）人。憲宗元和十二年（西元八一七年），赴婺州蘭溪靈瑞觀，師事觀主吳玄素，研習《南華》、《沖虛》、《通靈》諸真經，及《周易》、《孝經》、《論語》等。穆宗長慶三年（西元八三二年），正式度為道士。敬宗寶曆元年（西元八二五年），入天台山，師事馮惟良，參習上清正一法派，授佩高玄紫虛籙。文宗大和二年（西元八二八年），詣龍虎山，從張派嗥天師授受三品大都功。大和八年（西元八三四年），進參靈寶真文、洞神、洞玄之法。大和九年，進升玄法師。唐武宗會昌二年（西元八四二年），得受上清大洞袐旨內法。

會昌三年，別居桐柏道元觀。奉旨詔見，賜紫衣。居山五十餘年。乾甯元年（西元八九四年），無疾而逝，享年八十五。

陳惠虛，生卒不詳，唐代江東（今山西永濟蒲州鎮）人，為僧，居天台國清寺。曾與同侶遊山，戲過石橋，水峻苔滑，懸流萬仞，下不見底，眾皆怖慄不行，惠虛獨超然而過，徑上石壁，至夕不回，遇異人，自此慕道。晚歸終南山，遇一老叟，傳以大丹，服之升天而去。

陳寡言，字大初，越州諸暨（今浙江諸暨）人，中唐時道士。隱居於天台玉霄峰華林谷道院，師事田虛應，盡傳上清三洞祕旨，尤精於道門科法，常以琴酒自娛，每吟詠則放情自適。有詩十卷，已佚。

劉介，晚唐人，字處靜。幼習儒業，及長，赴婺州蘭溪，師事靈瑞觀主吳守素出家為道士，後聞天台山陳寡言有道名，遂就華林谷師事之，請教執帚達二十年，盡得寡言上清三洞道法。與葉藏質、應夷節為方外之友。

葉藏質，晚唐時越州松陽（今屬浙江省）人，字含象，葉法善之孫，隸籍安和觀道士，後詣天台山桐柏觀，師事馮惟良，受授上清三洞經籙，於玉霄峰建石門山居道院，日誦《黃庭》、《度人》、《道德》諸經。唐懿宗多次詔入內廷，賜居玉霄觀。晚年尤精符術，頗有靈驗。一日，葉藏質突然叫人擺酒設宴，邀請上同學好友、棲真道元院的應夷節過來共飲，告訴應夷節自己將行之日。到了那天，題字於大門「雞鳴時去」；門人弟子耳聞珠珮雜鼓樂聲於空中，並聽到了雞叫聲，時年七十四。

徐靈府，自號默希子，後號桐柏徵君，浙江錢塘天目山（今浙江餘杭）人，其生卒年代不詳，大約活動於唐德宗貞元至唐懿宗咸通（西元七八五至八七四年）間。出身儒學之家，自幼聰穎異常，於儒學一門無不精通。成年後，無心于權欲及名利，篤信道教。

唐元和四年（西元八〇九年），慕名入南嶽衡山，拜田虛應為師，安爐置鼎，煉丹合藥，學三洞祕旨，又與陳寡言、馮惟良為煙霞友。入室田虛應以後，潛心修道，成為《三洞四輔經》的傳人。元和十年（西元八一五年），與陳寡言、馮惟良等，隨田虛應東入天台山修道，伴師以居。元和十一年，完成《通玄真經》注釋。長慶元年（西元八二一年），於天台山雲蓋峰虎頭岩築室，日以修煉，自樂其間。寶曆元年（西元八二五年），唐敬宗仰其高道，賜所居號「方瀛山居」，比之以海上仙山方壺、瀛洲。會昌元年（西元八四一年），武宗詔之，固辭不就，不久後辭世。著有《天台山記》、《玄鑑》、《三洞要略》等五篇。

天台山的隱士

高察，漢末人，曾任吳國太常，隱居天台山麓讀書，故名其處為「察嶺」。高察是有史記載中最早隱居天台山的文人。

高察為漢儒官，他的隱居地在現龍皇堂的察嶺，高察的讀書堂現只留有遺址。清朝一位讀書人，在遺址旁的山岩上，鐫刻了「漢高察隱居處」六字，字直列，無落款，字徑高三十公分，寬二十六公分，字為楷書。清朝許君徵〈察嶺〉詩：「高公棲遁處，碧嶂嶺千盤；日暮攀蘿上，松風入袂寒。」描述了察嶺的優美景色。

褚世標，晉朝人，隱士。義熙年間（西元四〇五至四一八年），看見興寧年間（西元三六三至三八五年）移居天台赤城山的敦煌僧人曇猷身留赤城山室，顏貌如生平，而舉體綠色。褚世標登山獨得見之，他欲觀者，輒為雲霧所蔽，則知世標也是有道之士。

顧歡（西元四二〇至四八三年），字景怡，一字玄平，南齊道士，吳興鹽官（浙江海寧）人。初從邵玄之學五經，年二十餘，復師事雷次宗。好黃老之術，通解陰陽書，後於天台山開館授徒，教黃老之道，為村人治病除災。齊高帝輔政時，奉召任揚州主簿。及帝踐祚，乃自稱山谷臣，進政綱一卷東歸。永明元年（西元四八三年），齊武帝徵召為太學博士，力辭不就。同年，卒於剡山，享年六十四，現有文集三十卷傳世。

鑑於當世佛道二教互相詆毀，乃撰《夷夏論》。表面上倡言佛教、道教實理相符，實際卻立佛教於道教之側，並界分夷（印度）、夏（中國）之別，以貶黜佛教，掀起當世之佛、道論諍；沙門慧通、僧愍，與當世名士袁粲、明僧紹、謝鎮之、朱昭之、朱廣之等，均著論駁斥之。

杜京產（西元四三五至四九九年），南朝宋齊時錢塘人，字景齊。杜炅（子恭）曾孫，世代崇信五斗米道，出家為道士。顧歡招之，同隱歡嵒，今招隱峰是其遺跡。朝廷多次徵詔，皆不赴京。建武初年卒。

褚伯玉（西元？至五三六年），字元璩，吳郡錢唐人也。高祖含，始平太守；父襜，征虜參軍。伯玉少有隱操，寡嗜欲。年十八，父為之婚，婦入前門，伯玉從後門出。遂往剡，居瀑布山，性耐寒暑，時人比之王仲都。在山三十餘年，隔絕人物。高帝招不起，敕於剡白石山立大館舍之。

庾肩吾（西元四八七至五五一年），字子慎，南朝梁新野人，隱居天台，號天台逸民，是南北朝文學家庾信（西元五一三至五八一年）的父親。庾肩吾八歲能賦詩，初為晉安王蕭綱常侍，後蕭綱即位為簡文帝，官度支尚書。擅長詩賦，辭采甚美，工書法，著有書品一卷，其詩文散佚，明人輯有庾度支集。

張濆（生卒年不詳），唐代天台隱士。唐代詩人喻鳧有〈贈張濆處士〉：

露白覆棋宵，林青讀易朝；道高天子問，名重四方招。

許鶴歸華頂，期僧過石橋；雖然在京國，心跡自逍遙。

唐代詩人趙嘏有〈喜張濆及第〉：

九轉丹成最上仙，青天暖日踏雲軒；春風賀喜無言語，排比花枝滿杏園。

唐代詩人王貞白有〈憶天台張處士〉：

天台張處士，詩句造玄微；古樂知音少，名言與俗違。

山風入松徑，海月上岩扉；畢世唯高臥，無人說是非。

唐朝（西元六一八至九〇七年），是繼隋朝之後的大一統王朝，共歷二十一帝，享國二百八十九年，是公認中國最強盛的時代之一。

隋末天下群雄並起，西元六一七年，唐國公李淵發動晉陽兵變，次年在長安稱帝建立唐朝；因皇室姓李，故又稱為李唐。唐高祖李淵制定了尊祖崇道國策，運用道家思想治國平天下，施行道舉，興建皇家道觀、樓觀。唐太宗繼位後，開創「貞觀之治」；唐高宗承貞觀遺風，開創「永徽之治」。此後，武則天一度以「周」代唐；神龍革命後（西元七〇五年），恢復大唐國號。唐玄宗即位後，勵精圖治，開創了開元盛世。

安史之亂後，藩鎮割據、宦官專權，導致國力漸衰；中後期又經元和中興、會昌中興、大中之治，國勢復振。西元八七八年，爆發黃巢起義，破壞了唐朝統治根基。西元九〇七年，朱溫篡唐，唐朝覆亡，中國進入「五代十國」。

除了會昌法難，唐朝的戰亂也對佛教乃至唐朝社會中的每一個人造成影響。以下，便介紹幾起與寒山生平有關聯的戰亂事件。

天寶十年（西元七五一年）和十三年（西元七五四年），唐朝與南詔政權的兩次戰爭，史稱「天寶戰爭」又稱「唐天寶戰爭」。天寶十一年（西元七五二年），唐朝軍隊和阿巴斯哈里發的阿拉伯軍隊之間，在阿特拉哈市附近（大概在現代哈薩克和中亞吉爾吉斯斯坦的交界處）展開塔拉斯河戰役。這幾次戰爭因為距離寒山的活動區域較遠，故不詳細介紹。

唐朝與吐蕃的戰爭

吐蕃王國的崛起，是唐朝的重要外患之一。從時間上看，西藏古代王朝的存在絕非短暫；正如在漢語文獻中所看到的那樣，從吐蕃於貞觀八年（西元六三四年）派使者前往唐朝開始，到達磨王會昌元年（西元八四一年）被暗殺為止，西藏古代王朝存在了二百多年。吐蕃王國不僅與唐朝，也與塞外諸民族有著極為錯綜複雜的交往。

松贊干布（西元六一七至六四九年）在七世紀初葉，最先統一了西藏的諸種族，開創了吐蕃王朝。吐蕃並非此時突然出現在青藏高原，成為統一的核心體；作為地方的一股勢力，在七世紀之前，已經深深扎根在西藏深處。松贊干布不僅帶來了政治上的統一，在文化方面，他令七賢臣之一的吞彌・桑布紮在西元六三〇至六四八年之間創制西藏文字，並將佛教引入西藏；這些文化成果，同樣都歸功於松贊干布。

位於中國與西藏之間的吐谷渾，自南北朝以來，是東西交通的要衝，南北朝時期，它在中國和柔然之間謀求生存。唐高祖討伐涼州李軌之時（西元六一九年），借助吐谷渾王伏允的力量，將留在唐朝作為質子的伏順送還吐谷渾。伏允晚年將大權移交權臣之手，經常與唐朝發生紛爭。貞觀九年（西元六三五年），太宗下令派李靖、侯君集、任城王道宗等人，徹底擊垮了吐谷渾。其結果是伏允逃往柴達木後自縊身亡；伏順斬權臣後，向唐朝投降，被國人立為國王，時為貞觀九年五月。

由於這一事件，吐谷渾作為國家的獨立性受到限制。不久，順被殺，其子燕王諾曷鉢繼承了王位；但因為年幼，其國政全部掌控於大臣之手。吐谷渾內部開始爭奪政權，唐朝派遣軍隊鎮壓，並以下嫁公主之策，安定新王的地位。當時，吐谷渾西南方的吐蕃開始振興，給吐谷渾的政情又增添了一層不安定的因素。至此，在吐谷渾、唐、吐蕃三國之間，建立起一種新的關係。

松贊干布在西藏實現了政治統一，由亞隆河谷開始發展，進入拉薩並據為根據地。在青海，松贊干布擊破吐谷渾之後，調轉矛頭去征服與吐谷渾關係密切的黨項和白蘭。開拓的疆土，東北到青海西部的柴達木，東到松州西部，西到噶爾昆沙的古格，幾乎擴展到整個青藏高原。但是，這必然會挑起與唐帝國之間的激烈衝突。

到天寶十四年（西元七五五年）安祿山之亂爆發時期為止，唐蕃間共發生了四次戰爭，這期間也有間歇的和平時期，但是都非常短；從史料記載來看，幾乎都是連續交戰的狀態。當時，吐蕃在青海、東西突厥、帕米爾等方面，與唐朝的勢力範圍有接觸，戰爭的舞臺並不局限在河西九曲。

在文成公主下嫁（西元六五八年）松贊干布之後，吐蕃方面屢屢請求唐朝公主下嫁贊普；雙方危險緊張的關係，未必能促成此事的實現。直到八世紀初，終於有金城公主下嫁（西元七一二年）給了墀德祖贊。

文成公主在吐蕃期間（西元六五八至六八〇年），唐蕃間衝突不斷。西元六七〇年，吐蕃攻陷安西四鎮，安西四鎮被廢止。薛仁貴、阿史那道真、郭待封的軍隊，與論欽陵在青海方面交戰，唐軍大敗。六七六年，吐蕃進攻鄯廓河芳四州；周王顯、劉審禮、相王輪、契苾何力、蕭嗣業等，進擊無功。六七八年，李敬玄在青海與吐蕃論欽陵交戰，唐軍戰敗。六八〇年，吐蕃奪取安戎城，西部雲南諸蕃皆降於吐蕃。也是在這一年，文成公主去世。

此後，直至金城公主進藏的這一時期，唐蕃之間仍衝突不斷。西元六八一年，黑齒常之在青海與贊婆交戰。六八二年，論欽陵入侵拓松翼諸州，與李孝逸交戰，又在白水澗與婁師德交戰。六八七年，吐蕃攻陷焉耆、龜茲。六八九年，韋待價在寅識迦河，與吐蕃交戰，唐軍戰敗。六九五年，王孝傑在洮州素羅汗山，與論欽陵及贊婆交戰。

金城公主在吐蕃期間（西元七一〇至七三九年），唐蕃間發生了三次戰爭。第一次戰爭是七一四年，由進攻臨洮軍開始，其原因與公主入藏前兩國的兩次軍事交涉有關。第二次戰爭是從七二六年冬，由悉諾邏入侵大鬥谷開始的。第三次戰役從七四一年開始，再次大規模展開，一直持續到七四八年。

西元七六三年三月，李之芳、崔倫作為使者前往吐蕃，被軟禁在國境；十月，吐蕃佔領長安，代宗逃往陝州，吐蕃立廣武王承宏為天子；十四日，吐蕃退回到原會成渭諸州一線，郭子儀率軍收復長安；十二月，代宗返回長安。七八三年正月，在清水舉行和平會盟（建中會盟）；七月，在長安舉行會盟；十月，發生朱泚反亂，德宗逃往奉天。七八六年八月，吐蕃劫掠涇隴、邠寧的數道；九月，李晟、王泌在汧陽，大敗尚結贊的軍隊；十一月，吐蕃兵不血刃佔領鹽州；十二月，吐蕃攻陷夏州、銀州。

七八七年三月，馬燧接受尚結贊的賄賂，向德宗請求和平會盟；五月，舉行平涼偽盟，除渾瑊外，崔漢衡以下全部被擒；六月，馬燧被剝奪兵權，李泌成為宰相；八月，回紇向唐朝請求和親，尚結贊侵入隴州、汧陽方面；九月，李泌提出聯合回紇、大食、雲南對抗吐蕃的策略，吐蕃攻陷華亭縣、連雲堡等。

八二一年六月，吐蕃進攻青塞堡；九月，在長安舉行會盟（長慶會盟）。

安史之亂

安史之亂，是唐玄宗末年的西元七五五年十二月至唐代宗初年的七六三年二月，由唐朝將領安祿山和史思明背叛唐朝發動的戰爭，是與唐朝爭奪統治權的內戰；由於爆發於唐玄宗天寶年間，也稱「天寶之亂」。這場內戰成為唐朝由盛而衰的轉捩點，使得唐朝人口大量喪失，國力銳減。

唐朝節度使置自睿宗時，僅是統領邊防軍鎮的使職。玄宗為控制和防禦周邊各族，將節度使增為十個；他們除管軍政外，又兼管本道民政及財政，權勢積重。玄宗統治後期，政治敗壞，中央軍備空虛。

安祿山於天寶元年（西元七四二年）任平盧節度使，天寶十年（西元七五一年），身兼平盧（今遼寧朝陽）、范陽（今北京）、河東（今山西太原西南）三鎮節度使，兵力雄厚。他洞悉長安朝廷腐朽、實力空虛的內情，又因與宰相楊國忠爭權，遂於天寶十四年（西元七五五年）十一月，以討楊國忠為名，自范陽起兵叛唐，迅速進攻洛陽；唐玄宗派遣大將封常清到洛陽募兵六萬，這些兵未經訓練，很快為叛軍擊敗，洛陽失陷。次年正月，安祿山在洛陽稱大燕皇帝，令部將史思明經略河北。

洛陽失陷後，常山（今河北正定）太守顏杲卿，與平原（今山東陵縣）太守顏真卿起兵討安祿山，河北人民紛紛響應。此時，大將郭子儀、李光弼率領朔方軍出師河北，屢獲勝利。河北十餘郡多殺叛軍守將，重樹唐幟，使叛軍將士軍心動搖，安祿山甚至想放棄洛陽逃回老巢。天寶十五年六月，哥舒翰被迫出兵，結果大敗，潼關陷落，長安震動。玄宗倉皇逃往成都，行至馬嵬驛（今陝西興平西），軍士譁變，殺楊國忠，玄宗被迫縊殺寵幸的楊國忠之妹楊貴妃。

在此前後，唐將領魯炅守南陽（今河南鄧州），被叛軍圍攻一年（至德元年五月到二年五月），阻擋了叛軍向江漢地區侵擾的道路。真源（今河南鹿邑）縣令張巡，在雍丘（今河南杞縣）堅守十個月，最後到睢陽（今河南商丘南），與太守許遠合兵，又苦守十個月（至德元年十二月到二年十月），保衛了江淮地區。睢陽失陷時，張巡等壯烈犧牲。魯炅、張巡等的抗敵鬥爭，為唐軍贏得了時間，並保障了江南物資對唐廷的源源補給。

長安失陷後，郭子儀、李光弼奉命率步騎五萬自河北至靈武，壯大了朝廷的聲勢。河西（今甘肅武威）和北庭（今新疆吉木薩爾北破城子）、安西（今新疆庫車）節度使的兵也來會合。唐廷又得到回紇、于闐及西域諸族的援助。至德二年（西元七五七年）正月，安祿山被其子安慶緒所殺。同年九月，廣平王李俶（後為唐代宗李豫）與郭子儀統朔方等軍及回紇、西域之眾十五萬，自鳳翔出發，攻克長安，十月收復洛陽。

乾元元年（西元七五八年）九月，唐廷派郭子儀、李光弼等九節度使，統兵二十餘萬，後增至六十萬，包圍了鄴城。次年三月，史思明率兵來援，唐軍六十萬眾潰於城下。史思明殺安慶緒，還范陽，稱大燕皇帝。九月，攻佔洛陽，與唐軍相持年餘。上元二年（西元七六一年）三月，史思明被其子史朝義所殺。寶應元年（西元七六二年）十月，唐借回紇兵收復洛陽，史朝義奔莫州（今河北任丘北）。

廣德元年（西元七六三年）正月，李懷仙殺死史朝義，歷時七年又兩個月的安史之亂，至此始告平定。三月，李之芳、崔倫作為使者前往吐蕃，被軟禁在國境。十月，吐蕃佔領長安，代宗逃往陝州，吐蕃立廣武王承宏為天子。十四日，吐蕃退到原、會、成、渭諸州一線，郭子儀率軍收復長安。十二月，代宗返回長安。

唐朝在西北方面的諸支軍隊，為了進行鎮壓而向中原移動，西部因此出現大面積的空隙；趁著這些空隙的出現，北方的回紇族及西方的吐蕃，進一步擴大發展先前已經取得的勢力；特別是吐蕃，早先便與唐朝的邊境軍隊進行過激烈戰爭，傾力擴張其勢力。他們以此次動亂為大好時機，把隴右、河西方面納入手中，入侵唐朝首都長安，並短時間樹立了傀儡政權。在整個唐代，異民族侵入首都僅出現過這一次。

安史之亂從根本上動搖了大唐帝國的基礎，是唐朝由盛而衰的轉捩點。戰亂雖平，安史部將勢力並未消滅，藩鎮割據局面由此形成，中原戰亂地區經濟遭到嚴重破壞。

另一方面，中國古代經濟重心南移，自兩晉就已經開始；在安史之亂後，北民南遷的狀況越來越明顯，致使經濟中心進一步南移。北方人口的南遷，帶去了大量的勞動力，和先進的生產技術，促進了江南經濟的發展，南方經濟逐漸超過北方，南北經濟趨於平衡。

僕固懷恩之亂

《資治通鑑》「永泰元年（西元七六五年）九月」條中記載：

僕固懷恩誘回紇、吐蕃、吐谷渾、黨項、奴剌數十萬眾，俱入寇，令吐蕃大將尚結悉贊摩、馬重英等，自北道趣奉天，黨項帥任敷、鄭庭、郝德等，自東道趣同州，吐谷渾、奴剌之眾，自西道趣盩厔，回紇繼吐蕃之後，懷恩又以朔方兵繼之。

僕固懷恩（西元？至七六五年）是平定安史之亂的功臣。僕固懷恩是鐵勒族僕骨部人，曾祖父僕骨歌濫拔延，於貞觀二十年（西元六四六年），和其他鐵勒諸姓一同前來投靠唐朝，被分置在夏州（陝西省榆林縣西北二百里）。從僕骨歌濫拔延至懷恩，歷代襲金微都督之位。安史之亂初，僕固懷恩任朔方軍左武鋒使，驍勇果敢，隨朔方節度使郭子儀在振武軍（今內蒙古和林格爾西北）及其以東地區，連敗叛將高秀岩、薛忠義等部。

天寶十五年（西元七五六年），配合李光弼戰於常山（今河北正定）南北諸縣，數次挫敗史思明部。七月，隨郭子儀赴靈武（今寧夏靈武西北），保衛唐肅宗。次年，因率回紇兵參加收復兩京有功，封豐國（今內蒙古）公。乾元二年（西元七五九年），任朔方行營節度，進封大寧郡王。寶應元年（西元七六二年），任領諸軍節度行營，作為天下兵馬元帥雍王（李適）的副將，領前鋒發兵陝州（今河南三門峽市），再次奪取洛陽，殲史朝義部八萬餘人，並乘勢追擊，僅半年悉平河北。

僕固懷恩最大的功績是率領回紇軍平定安史之亂。他出使回紇借兵，並順應唐肅宗的意願，將二女嫁給回紇人，以和親之計讓回紇參與安史之亂的平定。然而，對唐朝來說，安史之亂的平定，當然是郭振元、李光弼等人艱苦卓絕拚殺的結果。回紇的援兵雖然也起了很大的作用，但作為「異族」，回紇軍在作戰和行軍中，掠奪和姦淫等暴行時有發生；特別是兩次對洛陽的搶掠屠戮，激起了唐朝官民的極大憤慨，這分仇恨不可避免地波及到僕固懷恩。所以，當安史之亂得以平定，回紇軍回到北方後，僕固懷恩的處境開始變得微妙。

唐代宗寶應二年（西元七六三年）正月，安史之亂全部平息。歷盡劫難的李唐朝廷如釋重負，一時間似乎擺脫了偏離的軌道，有望恢復昔日的盛況。然而，危機已悄悄降臨；在朝廷上下共慶和平的表象下，君臣裂痕卻愈演愈烈。經此安史之亂，李唐王室再也無法信任武將；宦官擅權、藩鎮割據、朋黨爭鬥，導致大唐王朝滅亡的三大弊端已無可挽回。

依照慣例，平叛之後，朝廷自然對功臣大加封賞；但是，功勳僅次於郭子儀、李光弼的僕固懷恩卻是鬱鬱寡歡。朝廷對大將的猜疑，已經讓郭子儀、李光弼先後明升暗降，被剝奪了兵權；平定安史之亂中的勇將來瑱，也因為得罪了宦官而被賜死。

早在寶應元年（西元七六二年），僕固懷恩就已經受到懷疑。窮途末路的史朝義，挑唆登里可汗率十萬大軍進逼關中，大唐朝野震動。僕固懷恩持代宗特賜的免死鐵券和手詔，去見了登里可汗，史載「可汗大悅，遂請和，助討朝義」。但不出僕固懷恩所料，這件事成了他被人猜忌和詆毀的開始。此外，他的忠勇善戰和功績過人，也招致小人對他的嫉恨。最終，辛雲京等人的誣告和詆毀，將他逼上了反叛之路。

僕固懷恩踏上反叛的道路，應該歸因於諸將領間的反目。當國家面臨危急，不從其守地出發迅速行動；這類節度使們的態度，已經是藩鎮跋扈的前兆。最終，由於他是這類將領、高官中特別傑出的有功之臣，所以才被排擠出帝國的軍事、官僚體制。

此外，頂著逆賊的汙名迅速展開行動，是因為作為直性情的僕固懷恩有為人的底線，終究不能把他與安祿山等叛臣魁首相提並論。

不可否認的是，從安祿山之亂到僕固懷恩之亂，接連不斷的蕃將叛亂事件，源於西北異民族對唐帝國的蔑視，並刺激了這類行動的發生。至少，從長安的失陷來看，唐朝明顯已經過了全盛時期，開始進入衰退過程。

袁晁之亂

安史之亂爆發，並迅速蔓延至整個黃河流域。這場歷時九年的戰亂，動搖了唐代中央集權統治的根基，北方的許多佛教寺院深受其害，江南天台山地區的佛教教團也間接受到動亂影響；而袁晁之亂，則直接對天台教團造成衝擊。

唐寶應元年（西元七六二年）八月二十五日，原為縣衙小吏的袁晁，因同情饑寒交迫而造反的農民，受到鞭背刑法，率眾在唐興縣（今天台縣）起義。袁晁率領義軍攻佔台州，刺史史敘逃走。九月二十七日，攻佔信州（今屬江西），唐洪州刺史張鎬，伏兵常山山口，義軍中伏，損兵三千餘名。十月初十，義軍攻佔溫州（今浙江溫州）、明州（今浙江寧波），佔領了浙江東、西道地區。袁晁建議，義軍政權中的幾十位公卿大臣，均由普通百姓擔任，改年號為「寶勝」。

義軍殺死地方長吏，燒毀和沒收官府及地主豪富的錢財，這些人極為恐懼，紛紛逃亡；疲於沉重賦斂的廣大貧苦農民，則大多歸附義軍。德清縣（今浙江吳興南）人朱泚、沈皓等也聚眾起義，回應袁晁。朱泚和沈皓分別佔據兩大山洞，不時出兵攻佔城壘。宜春義軍漫山遍野，地方長吏不敢過問。

袁晁義軍發展為二十萬人，嚴重威脅唐廷在該地區的統治。寶應二年（西元七六三年）春，袁晁叛軍由唐興縣敗退寧海縣的途中，與王棲曜、李長榮等交戰十餘回合。三月四日，唐政府軍生擒袁晁，光復了浙東十六郡邑。袁晁之弟袁瑛率領五百人逃竄入寧海縣紫溪洞，最終全軍覆滅。

袁晁之亂期間，天台山國清寺遭到破壞。湛然的弟子們四處逃亡，有人前往潭州及衡州方面，也有人奔赴吳郡以及楚州方向。西元七六二年，湛然為了躲避戰亂，也不得不離開天台山，西經浦陽到昆陵。七六四年夏季，湛然再度回到天台山，登上佛隴。

以上，佛教興盛、卻又社會動盪的唐代與天台山，便是寒山所身處的時代背景。

第二章　寒山詩及其集結

寒山子者，不知其名氏，大曆中隱居天台翠屏山；其山深邃，當暑有雪，因自號寒山子。好為詩……多述山林幽隱之興，或譏諷時態，能警勵流俗。

唐代隱士寒山子，與王梵志（生卒不詳）、王績（西元五八五至六四四年），並列為唐代的三大白話詩人。他長期隱居天台縣西之寒岩幽穴中，因此被稱為「寒山」，又稱「寒山子」、「貧子」，傳說是文殊菩薩的化身。

風格獨特的「寒山體」

寒山子經常前往當地的國清寺，與國清寺僧人豐干、拾得交往，吟詩唱偈，其詩富有哲理。清人永瑢、紀昀主編的叢書《四庫全書總目提要》評價其詩云：「其詩有工語，有率語，有莊語，有諧語。」。

寒山子的詩歌是研究寒山生平的最重要文獻。寒山有詩曰：

五言五百篇，七字七十九；
三字二十一，都來六百首。

由此可知，寒山詩共有六百首，其中五言詩五百首，七言詩七十九首，三言詩二十一首。寒山將自己的詩歌作品書寫在岩石和石壁上，他的詩中有「一例書岩石」、「閒書石壁題詩句」，便記述了這種情況。北宋僧人贊寧（西元九一九至一〇〇一年）在《宋高僧傳》中記載，至北宋初年，國清寺附近的石壁上，依然清晰可見寒山「庭際何所有，白雲抱幽石」的詩句。現在流傳的各種寒山詩歌版本，僅有三百餘首，近一半的詩歌作品失傳。

在唐代，寒山詩就深受人們喜愛。到了宋代，寒山詩更受文人名士關注，受到蘇軾、王安石、黃庭堅、朱熹以及禪僧的青睞，出現大量和詩。

北宋著名的政治家、文學家王安石非常喜歡寒山詩，著有〈擬寒山拾得二十首〉，收於《臨川集》中。這種模似寒山詩風格的文體，稱為「寒山體」，其中第一首詩云：

牛若不穿鼻，豈肯推人磨；馬若不絡頭，隨直而起臥。
乾地終不涴，平地終不墮；擾擾受輪回，祇緣疑這個。

第十首詩云：

昨日見張三，嫌他不守己；歸來自悔責，分別亦非理。
今日見張三，分別心復起；若除此惡習，佛法無多子。

詩中言語模仿了寒山詩一貫的直白如話、又兼具佛理的風格，不但形似，又深得其神。北宋著名文學家的蘇軾也很欣賞寒山詩，曾在〈和寄天選長官〉詩中讚歎寒山子：

自古山林人，何曾識機巧；
但記寒岩翁，論心秋月皎。

黃香十年舊，禪學參眾妙。

蘇軾也有〈擬寒山詩八首〉。其緣起是，蘇軾被貶惠州期間，與留居宜興之長子蘇邁音訊阻隔；蘇州定慧寺主持守欽禪師，遣徒攜帶蘇邁的書信，長途跋涉到惠州探視，並贈〈擬寒山十頌〉詩。蘇軾和詩八首答謝，其中的第五首詩云：

誰言窮巷士，乃竊造物權；所見皆我有，安居受其全。
戲作一篇書，千古發爭端；儒墨起相殺，予初本無言。

北宋詩人兼書法家黃庭堅，不但喜歡書寫寒山詩，還認為自己的前身就是寒山子；遇到煩惱時，期望和寒山子一樣，能夠避入石壁。其自題詩：

前身寒山子，後身黃魯直；
頗遭時人惱，思欲入石壁。

黃庭堅亦有詩讚歎寒山子，其〈再答並簡康國兄弟四首〉之二：

妙舌寒山一居士，淨居金粟幾如來；

玄關無鍵直須透，不得春風花不開。

南宋著名詩人陸游也非常喜愛寒山詩，為寒山詩集校勘、辨誤。《寒山子詩集》中有一首〈有人兮山徑〉：

有人兮山徑，雲卷兮霞纓；

秉芳兮欲寄，路漫兮難征。

心稠悵兮狐疑，蹇獨立兮忠貞。

此詩帶有楚辭風格，但在後人傳抄的過程中，卻屢被篡改。陸游對此專門寫信給當時刊刻《寒山詩》的東皋寺可明長老說：「此寒山子所作楚辭也，今亦在集中，妄人篡改附益，至不可讀。放翁書寄天封明公，或以刻之山中也。」

陸游並將這首楚辭風格的寒山詩改為：

有人兮山楹，雲卷兮霞纓；秉芳兮欲寄，路漫漫難征。

心稠悵狐疑，年老已無成；眾喔咿斯，蹇獨立兮忠貞。

寒山詩〈城中蛾眉女〉，尤其受詩家稱讚，其詩如下：

城中蛾眉女，珠佩何珊珊；鸚鵡花前弄，琵琶月下彈。
長歌三月響，短舞萬人看；未必長如此，芙蓉不耐寒。

宋代詩人黃庭堅將寒山的這首詩改為〈雜吟〉：

城中蛾眉女，珂佩響珊珊；鸚鵡花間弄，琵琶月下彈。
長歌三日繞，短舞萬人看；未必長如此，芙蓉不耐寒。

寒山詩的總體風格大體說來是不拘格律、直寫胸臆，經常使用白描和議論的手法，詩歌語言也十分接近口語。寒山詩不僅深受唐宋文人名士的喜愛和關注，五代北宋以來，還得到禪師們的推崇；眾多禪師投入擬寒山詩的創作之中，從而形成獨特的「寒山體」。

寒山詩的集結

寒山子的詩中有「昔日經行處，今復七十年」。他隱居天台山七十年，詩題於林間葉上或村墅人家屋壁；如果不曾輯錄，七十年間任其風吹日晒雨淋，很難留存。最先集結六百首寒山詩，並將不同體式詩作的具體數字和總詩數進行統計的人，無疑是寒山本人；除寒山之外，很難準確統計出「都來六百首」的總數。

不但如此，寒山還將自己的詩編輯成集，裝幀成卷，方便人們吟詠閱讀，寒山子的詩中有「家有寒山詩，勝汝看經卷；書放屏風上，時時看一遍。」由此，寒山詩傳入世間，「下愚讀我詩」、「中庸讀我詩」、「上賢讀我詩」，擁有不同階層的讀者。

眾多讀者中，也不乏問難寒山詩的人，如「客難寒山子，君詩無道理」，以及：

有個王秀才，笑我詩多失；雲不識蜂腰，仍不會鶴膝。
平側不解壓，凡言取次出；我笑你作詩，如盲徒詠日。

面對王秀才等人的嘲笑，寒山也以嘲諷回擊，並依然我行我素：「故知雜濫口，背面總由伊；冷暖我自量，不信奴唇皮。」

寒山子輯錄自己的詩，應該是不間斷進行的，他的詩中有「哀哉百年內，腸斷憶咸京」、「老病殘年百有餘，面黃頭白好山居」，也就是將自己百餘歲時的詩作也收在集中；這說明了，寒山詩最後的輯錄工作是在晚年完成的。

總之，雖說寒山詩幾乎全部題於樹間石上；但是，寒山子在世時，便不斷輯錄自己的詩，編輯成卷，流行於世，並與讀者交流互動。不然，很難想像「下愚」、「中庸」、「上賢」等不同階層的讀者，前往寒山子棲居的天台翠屏山，在荒山野嶺間逐一尋覓閱讀。

寒山在詩中反覆描繪其居住環境的險惡：「重岩我卜居，鳥道絕人跡」、「吾家好隱淪，居處絕塵囂；踐草成三徑，瞻雲作四鄰」、「人問寒山道，寒山路不通。夏天冰未釋，日出霧朦朧」、「寒岩人不到，白雲常靉靆」、「此中多伏虎，見我奮迅鬣；手中無寸刃，爭不懼懾懾」、「可重是寒山，白雲常自閑。猿啼暢道內，虎嘯出人間」、「寒山棲隱處，絕得雜人過」。可見寒山子居住的寒岩罕有人跡，常有伏虎出沒；他以白雲為鄰，猿猴為友。

天台桐柏觀道士徐靈府的集錄

如今世上流傳的寒山詩版本，並非寒山所言的「都來六百首」，而是三百餘首。據《太平廣記》引用原書失傳的天台道士杜光庭撰《仙傳拾遺．寒山子》記載：

寒山子者，不知其名氏，大曆中隱居天台翠屏山；其山深邃，當暑有雪，因自號寒山子。好為詩，每得一篇一句，輒題於樹間石上；有好事者，隨而錄之，凡三百餘首。多述山林幽隱之興，或譏諷時態，能警勵流俗。桐柏徵君（即桐柏宮道士）徐靈府序而集之，分為三卷，行於人間。

由此可知，除寒山本人之外，首位集錄寒山詩的人是身分不明的「好事者」，由徐靈府序而集之。正如前文介紹過的，徐靈府，自號默希子，後號「桐柏徵君」，浙江錢塘天目山（今浙江餘杭）人。會昌元年（西元八四一年），武宗詔之，固辭不就，不久後辭世。元和十年（西元八一五年），徐靈府追隨田虛應，由衡山東入天台山修道，寶曆元年（西元八二五年），撰寫出《天台山記》；但是，書中沒有提及寒山詩，徐靈府的〈寒山詩序〉也沒有流傳下來。

文中的「天台翠屏山」，根據《台州府志》記載：「在靈岩之右，山如屏障，俗稱翠屏。」李昉、李穆、徐鉉等學者奉敕編纂，成書於太平興國八年（西元九八三年）的《太平御覽》，引用原書於宋代散佚、由顧野王（西元五一九至五八一年）編著的古代歷史地理典籍《輿地志》說「翠屏山」的來由：

> 江水入富池一百八十里，得奉新，上流三百里有城山，三面壁立，一面峻極，水是奉新大源。本名石城山，天寶五載（西元七四六年），改為翠屏山。

由「石城山」於天寶五年改為「翠屏山」的記載，或許可以作為考證寒山生存年代的資料。

曹山本寂的《對寒山子詩》

除了道士徐靈府將寒山詩序而集之，還有曹山本寂禪師的《對寒山子詩》。關於本寂，宋代贊寧著《宋高僧傳．卷第十三．梁撫州曹山本寂傳》記載：

釋本寂，姓黃氏，泉州蒲田人也。其邑唐季多衣冠士子僑寓，儒風振起，號小稷下焉。寂少染魯風，率多強學。自爾淳粹獨凝，道性天發。年惟十九，二親始聽出家，入福州雲名山。年二十五，登於戒足。凡諸舉措，若老苾芻。咸通之初，禪宗興盛。風起於大潙也。至如石頭藥山其名寖頓，會洞山憫物，高其石頭，往來請教，學同洙泗。寂處眾如愚，發言若訥，後被請住臨川曹山。參問之者堂盈室滿，其所酬對，激射匪停。特為毳客標準，故排五位元，以銓量區域，無不盡其分齊也。復注《對寒山子詩》，流行寓內。蓋以寂素修舉業之優也，文辭遒麗，號富有法才焉。尋示疾，終於山。春秋六十二，僧臘三十七。弟子奉龕窆而樹塔，後南嶽玄泰著塔銘。

贊寧首次言及曹山本寂禪師著有《對寒山子詩》。宋仁宗時（西元一〇一〇至一〇六三年），以昭文、史館、集賢、祕閣四館藏書，命張觀、宋祁等定其存廢，詔王堯臣等校勘，定著三萬六百六十九卷，分類編目，總成六十六卷，成書於一〇四一年，賜名《崇文總目》，其卷四記載有「寒山子詩七卷」。《新唐書．藝文志．卷三》，有「對寒山詩七卷」。但這兩份資料中，都沒有提及曹山本寂禪師是《對寒山子詩》的作者。余嘉錫（西元一八八四至一九五五年）先生認為：

> 本寂，《宋高僧傳》雖題為梁人，然《傳燈錄．卷十七》稱其以天復辛酉季夏告寂，壽六十二，則實死於唐昭宗之世，未嘗入梁。由此上推六十二年，當生於文宗開成五年（西元八四〇至九〇一年）。徐靈府於元和十年（西元八一五年）已至天台，年輩遠在其前（余嘉錫注：靈府至天台二十五年，本寂始生）；寂之所注，當即根據徐本。〔中略〕輯寒山詩者，莫早於靈府。

余嘉錫指出了曹山本寂禪師的生卒年，並認為最早輯寒山詩的人是徐靈府，而曹山本寂禪師的《對寒山子詩》依據的是徐靈府本。余嘉錫還認為，曹山本寂禪師是〈閭丘胤序〉的作者，「天台三聖」的傳說也是本寂禪師所為；因「喜其多言佛理，足為彼教張目」，便依託閭丘胤別作一序以冠其首，於是有了閭丘胤遇三僧之說。

遺憾的是，曹山本寂禪師的《對寒山子詩》和徐靈府的〈寒山詩序〉均已散佚。

第三章　寒山詩的版本

令僧道翹尋其往日行狀，唯於竹木石壁書詩，並村墅人家廳壁上所書文句三百餘首，及拾得於土地堂壁上書言偈，並纂集成卷。

寒山詩主要以《寒山詩集》、《寒山子詩集》、《三隱詩集》為書名，大多附有豐干、拾得的詩，有《天祿琳琅》（宋本）和《國清寺本》兩大系統；這兩大系統主要由宋代的僧人刊刻，流傳至朝鮮半島以及日本列島。另外，還有與這兩大系統多有不同的《永樂大典》本《寒山詩集》，是另一種寒山詩版本。

《天祿琳琅》（宋本）系統

清乾隆九年（西元一七四四年），乾隆帝命內臣檢閱宮廷秘藏，擇善本進呈御覽，列於昭仁殿，賜名《天祿琳琅》，並親書匾額及對聯。此後，昭仁殿成為清廷收藏善本珍籍的專門書庫，《天祿琳琅》成為清代皇室典藏珍籍的代稱，是清宮宋、元、明珍籍善本的集大成者。

因遭火災焚毀，《天祿琳琅》藏書損失嚴重，於嘉慶年間（西元一七九六至一八二〇年）重匯。後又經歷了戰亂、盜竊等厄運，藏書大量散佚，現在分別藏於海內外六十餘家機構和個人手中，一〇九三部僅存世六百餘部，其中有南宋初期杭州刻本《寒山子詩集》。

《寒山子詩集》在《新唐書・藝文志》中入釋家，共七卷。而此宋刻本並為一卷，拾得、豐干詩別為一卷，附於其後。此本前有閭丘胤序，又有沙門志南於南宋淳熙十六年（西元一一八九年）寫的〈寒山詩集天台山國清禪寺三隱集記〉。由此可知，此《寒山子詩集》刻於淳熙十六年略後。

此本舊藏明末清初毛氏汲古閣，行款版式如下：十一行十八字，白口，左右雙邊，單黑魚尾，版心中題「寒山子詩」。卷首有唐閭丘胤撰〈寒山子詩集序〉，次寒山詩，次豐干禪師錄，次拾得錄，次拾得詩。閭丘胤序云：

令僧道翹尋其往日行狀，唯於竹木石壁書詩，並村墅人家廳壁上所書文句三百餘首，及拾得於土地堂壁上書言偈，並纂集成卷。

此本扉頁和封底裡有乾隆印「五福五代堂寶」、「八徵髦念之寶」、「太上皇帝之寶」，頁首是〈寒山子詩集序〉開頭部分，頁首的上半部有天祿琳琅藏書印「天祿繼鑒」、乾隆印「乾隆御覽之寶」、明．毛晉印「宋本」、「甲」，頁首的中部有周叔弢印「周暹」，頁首的下半部有北京圖書館藏書印「北京圖書館藏」、毛晉印「毛晉私印」、「子晉」、「汲古主人」，寒山詩後有毛晉印「毛晉之印」、「毛氏子晉」、「在周叔弢處」，拾得詩頁首下方也有毛晉印「毛晉私印」、「子晉」、「汲古主人」，拾得詩後有乾隆印「乾隆御覽之寶」、天祿琳琅藏書印「天祿琳琅」，卷末有「北京圖書館藏」、「曾在周叔弢處」印。

詩集收載寒山詩三〇五首，五、七言不分，三字詩六首，拾遺二首，總計三一一首，〈豐干禪師錄〉及詩二首，〈拾得錄〉及長偈一首、拾得詩五十四首。清代著名藏書家蔣光煦撰《東湖叢記》云：

毛氏于宋元刊本之精者，以「宋本」、「元本」橢圓式印別之，又以「甲」字印鈐於首。其餘藏印，曰「毛晉祕篋審定真跡」，曰「毛氏藏書」，曰「東吳毛氏圖書」，曰「汲古閣世寶」。

由此可知，此書為汲古閣所藏上乘之本，入清後，輾轉為清宮天祿琳琅藏書；清末民國間，此書從清宮內流出。一九一七年十一月，周叔弢在天津以廉價購得該宋本，鄭重鈐以「周暹」白文小方印，欣喜至極而起了「拾寒堂」、「寒在堂」兩個齋名。一九五二年，周叔弢將所藏精華捐獻北京圖書館，其中就包括這部宋本《寒山子詩集》，至今保存在國家圖書館善本書庫。周叔弢還對這部宋本的版本價值作了揭示，題識云：

頃取江陰繆氏影日本內府本〔當即宮內廳書陵部藏本，近有線裝書局影印本〕對勘一過，日本內府宋本《寒山詩》缺七首，又缺「我法」二句，「道子」四句，「蓬扉」四句；《拾得詩》缺五首，詩中注語皆刪削，不及此本之善，若字句異同則互有短長耳。

《四部叢刊》影印《寒山子詩集》最先用的是高麗本，即瞿氏鐵琴銅劍樓舊藏本（現藏國家圖書館）。周叔弢也以之與宋本互校，題識云：

《寒山詩》已分五言於七言之外，然詩中序次與此本正同，所據仍為舊本。惟拾遺二首高麗本收於《拾得詩》後，且多「閑自訪高僧」一首，為大異耳！

《四部叢刊》再版影印《寒山子詩集》，採用的底本是周叔弢的影刻宋本。

《國清寺本》系統

《國清寺本》系統是成書於明世宗嘉靖四年（西元一五二五年）的國清寺

道會刊本，篇首有〈閭丘胤寒山子詩集序〉、〈朱晦庵與南老索寒山子詩帖〉、〈陸放翁與明老改正寒山子詩〉，拾得詩後有「按語」，最後是志南〈天台山國清寺三隱集記〉，版心有「寒山」二字，標有「三字詩」、「豐干禪師詩」、「拾得詩」；在志南〈三隱集記〉後，有主持道會及助印人的姓名。寒山詩不分五、七言，共三〇三首，三字詩六首、拾遺二首，豐干詩二首，拾得詩四十九首。

僧人贊寧於宋太宗端拱元年（西元九八八年）完成的《宋高僧傳・卷十三・梁撫州曹山本寂傳》，首次言及曹山本寂注《對寒山子詩》七卷。宋代釋道原於宋真宗祥符二年（西元一〇〇九年）完成的《景德傳燈錄・卷第二十七》記載的豐干、寒山、拾得事蹟，依據的是《宋高僧傳》。兩本書中都沒有提及唐朝末期杜光庭《仙傳拾遺・寒山子》中記載的徐靈府集錄的三卷《寒山子詩》已經「行於人間」，有可能依據的是南宋刻本。

另外，前文提到，南宋著名詩人陸游（西元一一二五至一二一〇年），亦非常喜愛寒山詩，曾親自為寒山詩集校勘、辨誤，對寒山詩楚辭體進行了修改，並要求附入新刻本。這可以證明，南宋初期的寒山詩，已經有多種版本。

南宋大儒朱熹（西元一一三〇至一二〇〇年）為了獲得寒山詩的「好本」，致信國清寺僧人志南，他的〈朱晦庵與南老帖〉中有：

寒山子詩彼可有好本否？如未有，能為雠校刊刻，令字畫稍大，便於觀覽，亦佳也。寄惠黃精筍乾紫菜多品，尤荷厚意。偶得安樂茶，分去廿鉼，並雜碑刻及唐詩三冊。〔中略〕寒山詩刻成幸早見寄。

志南和尚，即指堂禪師，生卒不詳。據《國清寺志》記載，指堂禪師，名志南，字明老，號指堂，會稽（浙江紹興）人。南宋紹熙元年（西元一一九〇年），任國清寺住持時，在寧海神運莊建莊屋三十餘間，規模雄偉，儲蓄贏年，時稱「治山法師」，且善詩文、工書法，國清寺、佛隴、萬松徑均有其石刻手跡，與朱熹、韓原吉交遊，有《指堂集》行世。朱熹曾兩次擔任天台桐柏崇道觀祠祿官，期間與志南和尚建立了良好關係。

《國清寺本》是志南應朱熹請求寒山詩「好本」而刊刻的，當時至少有四個版本供志南讎校：一、徐靈府的三卷寒山詩版本；二、熙寧五年（西元一〇七二年），日僧成尋拜訪國清寺時，國清寺僧禹珪贈給成尋「寒山子詩一帖」的版本；三、《天祿琳琅》宋本的母本；四、根據《天祿琳琅》宋本之母本翻刻，附有慈受懷深（西元一〇七七至一一三二年）《擬寒山詩》的版本。

南宋孝宗淳熙十六年（西元一一八九年）的國清寺志南刊本，附有豐干、拾得二人詩作，還附有〈朱晦庵與南老帖〉、〈陸放翁與明老帖〉，以及釋志南撰寫的《天台山國清禪寺三隱集記》。明嘉靖四年（西元一五二五年）的國清寺道會刊本，以志南的《國清寺本》為母本。

《永樂大典》本系統

《永樂大典》是姚廣孝、解縉等人，奉明成祖之命編纂，於明永樂六年（西元一四〇八年）完成的大型類書。《永樂大典》卷之九百三「支」韻二「詩」

部，收載有《寒山詩集》，首題為《寒山詩集》，編排順序是三言詩、五言詩、七言詩。《永樂大典》本《寒山詩集》共有三四五首，其中三言詩四首，其他版本將第一首析為三首；五言詩三二三首，有二十四首五言詩排序在七言詩之後；七言詩十八首。《永樂大典》本《寒山詩集》第一〇七首〈可笑是林泉〉之後有「按語」：

《三隱詩》山中舊本如此，不復校正。博古君子，兩眼如月，正要觀雪中芭蕉畫耳。

由此可知，《永樂大典》本《寒山詩集》源自「山中舊本」的《三隱詩》，其刊刻者不詳，而「山中舊本」應該為獨立的系統，是有別於至今瞭解的另外一種「宋刻本」。按語中的「觀雪中芭蕉」，出自北宋僧人惠洪（西元一〇七一至一一二八年）著《冷齋夜話．卷四》中的一段評語：

王維作畫《雪中芭蕉》，法眼觀之，知其神情寄寓於物，俗論則譏以為不知寒暑。

《冷齋夜話》成書於政和三年（西元一一一三年）；因此，「山中舊本」刊刻的上限是西元一一一三年，其下限應該是《國清寺本》的刊刻時間，即淳熙十六年（西元一一八九年）。如果《永樂大典》本《寒山詩集》依據的「山中舊本」是另一種宋刻系統的話，其文獻校勘價值則自不待言；在整理校注寒山詩，研究寒山詩和寒山詩的版本源流中，具有重要文獻價值。

日本流傳的刊本

宋元刻本《寒山子詩集》，在中國流傳甚少，歷代公私書目著錄也鮮有刊刻資訊，日本、朝鮮的收藏與翻刻，保留下了宋國清寺本、東皐寺本、無我慧身本、江東漕司本、寶祐本，元元貞本、大德本，明正德本，以及日本、朝鮮覆刻宋元本的記載。

一、日本宮內省圖書寮藏本

現存宋刊本《寒山子詩集》有兩本，一本是前述藏於北京國家圖書館善本特藏部的刊本，另一本藏於日本宮內省圖書寮，即現在的宮內廳書陵部圖書館，這是日本皇家藏書庫，建立於明治十七年（西元一八八四年）。西元一九〇五年，日本漢學家島田翰（西元一八七九至一九一五年）的排印本《宋大字本寒山詩集》，根據此宋刊本校訂，並摹刻〈朱晦庵與南老帖〉、〈陸放翁與明老帖〉以及寒山詩首二行。

島田翰在〈刻宋本寒山詩集序〉中介紹，其所據以審定的日本內府藏本，捺有「慶福院」、「無範」、「植村書屋」、「霞亭珍藏」、「暢春園圖書記」五印。張鈞衡（西元一八七二至一九二七年）的《擇是居叢書》覆刻影宋寫本，其中也有「慶福院」、「無範」二印；由此可見，《擇是居叢書》本所據的影寫本源自宮內廳藏本。島田翰〈刻宋本寒山詩集序〉介紹了此本的源流：

宋時國清南老一刻於淳熙己酉（西元一一八九年），南老即與朱子友善，晦翁文集中引其「沾衣欲濕杏花雨，吹面不寒楊柳風」二句，以為清麗有餘，絕無蔬筍氣者。朱子使之稍大於字畫，便於觀覽，然其所刻竄改易置最多。東皋無隱再刻於紹定己丑（西元一二二九年），而是篇則觀音比丘無我慧身所補刻，又在東皋寺本之後。

《擇是居叢書》本卷末繆荃孫（西元一八四四至一九一九年）〈跋〉云：

《寒山詩集豐干拾得詩附》影宋寫本，每半頁十行，行十四字。前有閭丘胤序，後有淳熙十六年歲次己丑沙門志南記，又有屠維赤奮若（《爾雅．釋天》所載的年代寫法，表示己丑年）可明跋，附〈朱晦庵與南老帖〉、〈陸放翁與明老帖〉。志南即南公，可明即明公，朱子與放翁所往還者。而前又有寒山序詩，觀音比丘無我慧身所補刻。是此書宋時一刻於淳熙己丑，曰國清寺本；再刻於紹定己丑，曰東皋寺本；此則三刻，又在東皋寺本之後。

島田翰、繆荃孫認定此本為宋刊本，但是在《明一統志・卷四十六・寧波府》「寺觀」的「東皋寺」條注，有「在慈溪縣治東南，宋淳祐中建」。紹定、淳祐是南宋理宗年號，淳祐元年（西元一二四一年），比紹定二年（己丑一二二六年）晚十五年，東皋寺尚未建立，應該不會有東皋寺本，是此後根據宋本刊刻的。這部日本宮內廳書陵部所藏「無我慧身本」《寒山詩集》，是現存唯一的國清寺系統傳本。

二、日本正中本及相關刊本

此本有石井光雄氏藏本和京都大谷大學藏本。卷首有閭丘胤序，其次為寒山詩，分作五言、七字、三字和拾遺，卷終題曰「正中歲次旃蒙赤奮若（乙丑）冬十月下澣禪尼宗澤捨仁聊以刊之」。卷末刊〈朱熹與南老帖〉、〈陸游與明老帖〉，均手書上板，與「無我慧身本」無異，兩帖中間刊入釋行果手書：

國清南公所刊寒山詩，錯誤最多，甚不稱晦庵先生丁甯流布之意。今以江東漕司本參互校定，重刻之山間。據詩稱，五言五百，七字七十九，三字二十一，則今所存才半耳。寶祐三年乙卯九月旦，住靈鷲山行果謹書。

行果所書，提供了江東漕司本和寶祐本的珍貴資訊。「江東漕司本」或與今中國國家圖書館藏本有關，而「寶祐本」應該是日本刊本的祖本。島田翰〈刻宋本寒山詩集序〉還記有「建陽慎獨齋本」，為明正德丙子（西元一六三六年）刊刻，次序與寶祐本同；若無「正德」木記，很容易誤認為是元刻。正中本之外，日本又在元和、寬永、正保、延享年間數次刊刻；學界承襲島田翰之說，均歸為宋寶祐三年（西元一二五五年）本系統。

朝鮮半島流傳的刊本

高麗、朝鮮刊本《寒山子詩集》，在朝鮮半島流傳有序，並形成獨特的寒山詩與宋僧懷深擬寒山詩合編本。懷深（西元一〇七七至一一三二年），號慈受，故其擬詩題作《慈受深和尚擬寒山詩》。擬詩共一百四十八首，前有「慈受叟懷深」自序：

> 余因老病，結茅洞庭。終日無事，或水邊林下，坐石攀條，歌寒山詩，哦拾得偈，適與意會，遂擬其體，成一百四十八首。雖言語拙惡，乏于文彩，庶廣先聖慈悲之意。建炎四年（西元一一三〇年）二月望日序。

自述作於「建炎四年二月望日」，正處於南北宋之交。慈受的《擬寒山詩》，南宋劉克莊（西元一一八七至一二六九年）的《後村詩話》已有徵引；明代藏書家祁承㸁（西元一五六三至一六二八年）的《澹生堂藏書目》，亦有著錄。

現存最早的合編本《寒山子詩集》，是韓國精神文化研究院藏朝鮮覆刻元本。此本包括《寒山詩》、《豐干拾得錄詩》、《慈受深和尚擬寒山詩》各一卷。半葉十行，行十六字，四周單邊，上下黑魚尾，版心題「三隱」。《寒山詩》首錄閭丘胤序，正文分作五言、七字、三字，卷末記有「杭州錢塘門里車橋南大街郭宅紙鋪印行」字樣。另外，在釋志南《三隱集》記、陸放翁與明老帖之後，錄有郭狀夽的小注：

> 夫寒山詩者，昔天台國清南老將前太守閭丘採集詩卷重新刊木流通。此本年遠不存；元貞間，余偶得之於錢塘，謹自重書用以流傳。必有慕道之士，一覽而深省者；余雖老死丘壑，而志願終矣。時元貞丙申聖制日前休子郭夽焚香敬書。

《慈受深和尚擬寒山詩》卷末有：

> 門人慈覺大師文剛校正，大德辛丑松坡曹林命工鋟梓用廣流通，沙門崄崖可立勸緣，□□錢塘門里車橋南大街郭宅紙鋪印行。

書末附有朝鮮白光勳（西元一五三七至一五八二年）的跋文：

> 余昔庚午（西元一五七〇年）秋，自關東行腳至金剛山之正陽庵，得斯集於隱溪禪翁。（中略），余既得之，不可私祕，亦因隱溪禪宿之奬，命工鋟梓

以壽其傳。〔中略〕時甲戌〔西元一五七四年〕秋七月有吉，淮月軒人謹跋。

此本源自國清寺本，元貞丙申（西元一二九六年），郭夲重刊。大德辛丑（西元一三〇一年），釋可立募眾再刊。朝鮮時期，玉峰又據大德本覆刻。在此「合編本」系統之外，島田翰在〈刻宋本寒山詩集序〉中，還介紹了朴景亮刻高麗覆宋本：

元時有高麗覆宋本，蓋據宋東臯寺本所改行上梓，卷尾題云「嘉議大夫耽羅軍民萬戶府達魯花赤高麗匡靖大夫都僉議評理上護軍朴景亮刊行」。紙質黃紉，宛似元本；而據裝成梵夾，又似麗藏。嘗抵川越，見喜多院高麗藏，卷尾結銜正與此相符，而彼別有「皇慶三年二月□日」一行；然徧檢全帙，不收此集。乃知其非出於麗藏，蓋當時景亮為之鋟梓，而未及編入者矣。

朴景亮刻高麗覆宋本已經散佚；近年，在韓國全羅南道順天市松廣寺，新發現了一部《天台隱士寒山拾得詩集》。根據該寺文獻圖錄的介紹文字，此集卷首繪寒山與豐干、拾得座談圖畫，榜題五言偈語，其次為閭丘胤序；寒山詩分作五言、七言、六言諸體，總計收錄三一三首，其中五言詩二八七首；再次為《豐干禪師錄》並詩、《拾得錄》及詩五十九首，最後是釋音。

值得注意的是，該集卷末題有「甲寅歲分司大藏都監彫造」字樣，「分司大藏都監」為高麗時期負責《大藏經》雕造的機構。甲寅歲高麗高宗四十一年（西元一二五四年），正值高麗藏完成之時，此集的字體形式與分司大藏都監同期刊行的李奎報《東國李相國集》酷似，可判為分司大藏都監高麗高宗四十一年刊本。

第四章　閭丘胤及〈寒山子詩集序〉

見之不識，識之不見；若欲見之，不得取相，迺可見之。寒山文殊，遯跡國清；拾得普賢，狀如貧子。

現存有關寒山的最早資料，除了寒山詩之外，還有唐貞觀年間，台州刺史閭丘胤所作的《〈寒山子詩集序〉》，這是考證寒山生活年代的直接資料。

關於〈寒山子詩集序〉

現存最早的《寒山子詩集》，是南宋初期的杭州刻本，書前有朝議大夫使持節台州軍事守刺史上柱國賜緋魚袋閭丘胤的〈寒山詩集序〉，序文如下：

詳夫寒山子者，不知何許人也。自古老見之，皆謂貧人風狂之士，隱居天台唐興縣西七十里，號為寒岩。每於茲地，時還國清寺。寺有拾得，知食堂尋常，收貯餘殘菜滓於竹筒內；寒山若來，即負而去。或長廊徐行，叫喚快活，獨言獨笑，時贈遂促罵打趁，乃駐立撫掌，呵呵大笑，良久而去。且狀如貧子，形貌枯悴，一言一氣，理合其意。沉而思之，隱況道情，凡所啟言，洞該玄默。乃以樺皮為冠，布裘破弊，木屐履地。是故至人遯跡，同類化物；或長廊唱詠，唯言咄哉咄哉。三界輪回，或於村墅與牧牛子而歌笑；或逆或順，自樂其性。非哲者安可識之矣？

胤頃受丹丘薄宦，臨途之日，乃縈頭痛，遂召日者醫治，轉重。乃遇一禪師，名豐干，言從天台山國清寺來，特此相訪，乃命救疾。師乃舒容而笑曰：「身居四大，病從幻生；若欲除之，應須淨水。」時乃持淨水上師，師乃噀之，須臾祛殄。乃謂胤曰：「台州海島嵐毒，到日必須保護。」胤乃問曰：「未審彼地當有何賢，堪為師仰？」師曰：「見之不識，識之不見；若欲見之，不得取相，迺可見之。寒山文殊，遯跡國清；拾得普賢，狀如貧子。又似風狂，或去或來，在國清寺庫院走使廚中著火。」言訖辭去。

胤乃進途，到任台州，不忘其事。到任三日後，親往寺院，躬問禪宿，果合師言。乃令勘唐興縣，有寒山、拾得是否？時縣申稱，當縣界西七十里內有一岩，岩中古老見有貧士，頻往國清寺止宿。寺庫中有一行者，名曰拾得。胤乃特往禮拜。到國清寺，乃問寺眾：「此寺先有豐干禪師院在何處？並拾得、寒山子見在何處？」時僧道翹答曰：「豐干禪師院在經藏後，即今無人住得；每有一虎，時來此吼。寒山、拾得二人見在廚中。」

僧引胤至豐干禪師院，乃開房唯見虎跡。乃問僧寶德道翹：「禪師在日，有何行業？」僧曰：「豐干在日，唯攻舂米供養，夜乃唱歌自樂。」遂至廚中竈前，見二人向火大笑。胤便禮拜，二人連聲喝胤，自相把手，呵呵大笑叫喚。乃云：「豐干饒舌饒舌，彌陀不識，禮我何為？」僧徒奔集，遞相驚訝，何故尊官禮二貧士？時二人乃把手走出寺，乃令逐之，急走而去，即歸寒岩。

胤乃重問僧曰：「此二人肯止此寺否？」乃令覓房，喚歸寺安置，胤乃歸郡。遂制淨衣二對香藥等，特送供養。時二人更不返寺，使乃就岩送上。而見寒山子，乃高聲唱曰：「賊賊！」退入岩穴。乃云報汝諸人，各各努力，入穴而去，其穴自合，莫可追之。其拾得跡沉無所。

乃令僧道翹尋其往日行狀，唯於竹木石壁書詩，並村墅人家廳壁上所書文句三百餘首，及拾得於土地堂壁上書言偈，並纂集成卷。但胤棲心佛理，幸逢道人，乃為贊曰：

菩薩遯跡，示同貧士。獨居寒山，自樂其志。貌悴形枯，布裘弊止。出言成章，諦實至理。凡人不測，謂風狂子。時來天台，入國清寺。徐步長廊，呵呵撫指。或走或立，喃喃獨語。所食廚中，殘飯菜滓。吟偈悲哀，僧俗咄捶。都不動搖，時人自恥。作用自在，凡愚難值。即出一言，頓祛塵累。是故國清，圖寫儀軌；永劫供養，長為弟子。昔居寒山，時來茲地。稽首文殊，寒山之士；南無普賢，拾得定是。聊申讚歎，願超生死。

從序文來看，《寒山子詩集》及《拾得詩》是在台州刺史閭丘胤指令下，由國清寺僧道翹所裒集編次。豐干詩唯於房中壁上書詩二首。此書在宋代時，又名《三隱集》或《三聖集》。《寒山子詩集》在《新唐書．藝文志》中入釋家，作七卷；宋刻本則並為一卷，且豐干、拾得詩別為一卷，附於其後。今從徐忠、李椿、陳亨、章椿、董源、施昌等刻工名推斷，此書應刻於南宋中葉之初；而此書「廓」字不避諱，表明刊刻時，未到寧宗趙擴之世，故推斷此書可能刻於南宋光宗紹熙（西元一一九〇至一一九四年）年間。

宋刻《寒山子詩》僅存兩部，除《四部叢刊》本所據宋刻本外，日本內府宮內廳圖書寮另藏一部。台州刺史閭丘胤為寒山詩集寫的序文，是研究寒山生平的重要資料；但是，這篇序文沒有留下當時的年號；而且，新舊唐書中都沒有關於刺史閭丘胤的記錄。序文中有以下疑問：

一、閭丘胤的官銜不符

應該留意書前「朝議大夫使持節台州軍事守刺史上柱國賜緋魚袋」中的「使持節」和「緋魚袋」。錢穆先生在《國史大綱》中指出：

> 高宗永徽（西元六五〇至六五五年）以後，都督帶「使持節」（猶全權印信），謂「度使節」。至於刺史全銜帶「使持節」，〈歷代職官表〉云：「唐以降無論州之等級如何，刺史之官銜中始終猶帶『持節軍事』字樣。例如『蘇州刺史』全銜為『使持節蘇州諸軍事刺史……』直到宋代，雖是虛文，亦因本州皆有州兵。」

因此，閭丘胤不可能在貞觀時期（西元六二七至六四九年）任台州「持節」。而「緋魚袋」指緋衣與魚符袋，是舊時朝官的服飾，唐代韓愈（西元七六八至八二四年）的《董公行狀》有「入翰林為學士，三年出入左右，天子以為謹願，賜緋魚袋。」緋魚袋是唐代君臣之間的信物之一，如《新唐書·車服志》記載：

> 初，高祖入長安，罷隋竹使符，班銀菟符，其後改為銅魚符，以起軍旅、易

守長，京都留守、折衝府、捉兵鎮守之所及左右金吾、宮苑總監、牧監皆給之。〔中略〕

皇太子以玉契召，勘合乃赴。親王以金，庶官以銅，皆題其位、姓名。官有貳者加左右，皆盛以魚袋，三品以上飾以金，五品以上飾以銀。刻姓名者，去官納之，不刻者傳佩相付。有傳符、銅魚符者，給封符印，發驛、封符及封魚函用之。有銅魚而無傳符者，給封函還符、封函用之。〔中略〕

高宗給五品以上隨身魚銀袋，以防召命之詐，出內必合之。三品以上金飾袋，垂拱中，都督、刺史始賜魚。天授二年（西元六九一年），改佩魚皆為龜。其後，三品以上龜袋飾以金，四品以銀，五品以銅。

中宗初（西元七〇五年），罷龜袋，復給以魚。郡王、嗣王亦佩金魚袋。景龍中（西元七〇七至七一〇年），令特進佩魚，散官佩魚自此始也。然員外、試、檢校官，猶不佩魚。景雲中（西元七一〇至七一二年），詔衣紫者魚袋以金飾之，衣緋者以銀飾之。

開元初，附馬都尉從五品者假紫、金魚袋，都督、刺史品卑者假緋、魚袋，五品以上檢校、試、判官皆佩魚。中書令張嘉貞奏，致仕者佩魚終身，自是百官賞緋、紫，必兼魚袋，謂之章服。當時服朱紫、佩魚者眾矣。

根據上述記載，向都督、刺史賜魚始於垂拱年間（西元六八五至六八八年），開元初（西元七一三年），都督、刺史品卑者假緋、魚袋。刺史閭丘胤的緋魚袋，只能是在高宗永徽（西元六五〇至六五五年）以後才能佩戴；而且，必須官至五品，封疆官必須是都督、刺史。

二、縣名不符

〈寒山詩集序〉的開頭部分是：

詳夫寒山子者，不知何許人也。自古老見之，皆謂貧人風狂之士，隱居天台唐興縣西七十里，號為寒岩。每於茲地，時還國清寺。

《元和郡縣制．卷二十六》記載：

三國時，吳分章安置南始平縣。晉武帝以雍州為始平，改為始豐。肅宗上元二年（西元七六一年），改為唐興。

曾在天台山修道多年的道士徐靈府的《天台山記》記載：

州取山名曰「台州」，縣隸唐興，即古始豐縣也。肅宗上元二年，改為唐興。

天台縣原名「南始平」，晉代改為「始豐」，直至肅宗上元二年，改為「唐興」。閭丘胤是武德、貞觀年間的人，不可能知道一百多年後的縣名。

三、國清寺僧人道翹與閭丘胤

序文中出現的國清寺僧人道翹，丁天魁主編的《國清寺志》有記載：

武后儀鳳二年（西元六七七年），道翹。

唐人李邕（西元六七八至七四七年）撰〈國清寺碑並序〉也有記載：

邑宰李公名安之，不忮不求，有為有守，惠愛恤下，貞固幹時；大德行續、上座神軌、寺主道翹、都維那首那、法師法忍等，三歸法空，一處心淨，景式諸子，大濟群生。

李邕，字泰和，揚州江都（今江蘇省）人，為李善之子。玄宗時任北海太守，世稱為「李北海」。為人剛正不屈，後為李林甫所害。精書法，初學王羲之，復自成一格，擅以行楷寫碑，筆力雄渾，風骨勁節。有《李北海集》存世，碑刻有麓山寺碑、李思訓碑等。李邕記錄的是初唐的事情，可信度高。由此可知，道翹與活躍於初唐武德年間（西元六一八至六二六年）的麗州刺史閭丘胤，很難有上述交集。

基於上述資料，〈寒山詩集序〉無疑是後人托閭丘胤的名字製作的偽序，偽序作者又不甚瞭解唐代情況。一九五八年十月，由科學出版社正式出版了清末學者余嘉錫的《四庫全書總目提要》，在卷二十的集部一、《寒山子詩集二卷附豐干拾得詩一卷》中，余嘉錫指出，《宋高僧傳》記載，曹山本寂禪師注寒山詩，著有《對寒山子詩》，認為閭丘胤的〈寒山詩集序〉是曹山本寂禪師假借閭丘胤名字的偽託之作。

閭丘胤其人

除了《永樂大典》本《寒山詩集》，在各版本的《寒山詩集》中，朝議大夫使持節台州刺史閭丘胤的〈寒山詩集序〉均被列於卷首。雖然閭丘胤的〈寒山詩集序〉可能是曹山本寂禪師製作的偽序，但閭丘胤確有其人。康熙六十一年出版的《台州府志．卷五．歷代官制》的職官題名錄，從漢代到康熙六十一年，無一遺漏。在唐代的二百九十年間，有一〇八人出任台州刺史：

計有趙達（武德七年止）、元義修、嚴德、畢操、韋慶、房環、閭丘蔭（志並注：有〈寒山子詩序〉，見《藝文》）、鄭神舉（以上皆貞觀中止）、來濟、宋神膺、席義恭（以上皆永徽中止）。

這裡的「閭丘蔭」，應該是閭丘胤，是唐代第七位台州刺史。道宣（西元五九六至六六七年）的《續高僧傳．卷二十．丹陽沙門釋智岩傳》，有關於閭丘胤的記載：

釋智岩，丹陽曲阿人，姓華氏。〔中略〕武德四年，從鎮州南定淮海，時年四十。審榮官之若雲，遂棄入舒州皖公山，從寶月禪師，披緇入道。黃公眷戀追徵，答曰：以身訊道，誓至薩雲，願特舍恕，無相撓擾。既山藪幽隱，蘭若而居；豺虎交橫，訓狎無恐。忽見異僧，身長丈餘，姿容都雅，言音清朗，謂曰：「卿已八十，一生出家，宜加精進。」言訖不見。蒙此幽屬，精勵晨昏，一切世間，如幻如夢。一時坐定，正在谷中，山水暴長，形將欲沒；熙怡端坐，嶷然便退。獵者問曰：身命可重，何不避耶？答曰：吾本無生，安能避死？獵者悟之，所獲並放。故山中飛走，依託附焉。

昔同軍戎，有睦州刺史嚴撰、衢州刺史張綽、麗州刺史閭丘胤、威州刺史李詢，聞岩出家，在山修道，乃尋之。既矚山崖竦峻，鳥獸鳴叫，謂岩曰：郎將癲邪，何為住此？答曰：我癲欲醒，君癲正發，何由可救？汝若不癲，何為追逐聲已規度榮位，至於清爽都不商量；一旦死至，荒忙何計？此而不悟，非癲如何？唯佛不癡，自除階漸。

貞觀十七年，還歸建業，依山結草，性度果決，不以形骸為累，出處隨機請法，僧眾百有餘人。所在施化，多以現事責核竟之心周通，故俗聞者毛豎零淚。多在白馬寺，後往石頭城癘人坊住，為其說法，吮膿洗濯，無所不為。永徽五年二月二十七日，終於癘所，顏色不變，伸屈如恆，室有異香經旬，年七十八矣。

閭丘胤等人，聽說智岩出家，在山修道，一同前去尋訪。智岩（西元六〇〇至六七七年）是唐代牛頭宗僧，江蘇曲阿人，俗姓華。智勇過人，身材魁梧，隋大業年間（西元六〇五至六一六年）為郎將，頻立戰功。四十歲，入舒州（安徽）皖公山，從寶月禪師出家。貞觀十七年（西元六四三年），入牛頭山，謁自立牛頭宗的法融禪師（西元五九四至六五七年）而開悟，承嗣正法，是牛頭宗二祖。智岩歷住白馬寺、棲玄寺，復遷住石頭城。高宗儀鳳二年（西元六七七）示寂，世壽七十八，法臘三十九。

智岩傳慧方（西元六二九至六九五年），慧方傳法持（西元六三五至七〇二年），法持傳智威（西元六四六至七二二年），智威傳慧忠（西元六八二至七六九年），合稱牛頭六祖。

武德四年（西元六二一年），年已四十的智岩出家，閭丘胤當時擔任麗州（今浙江永康市）刺史。永康地域，於三國赤烏八年（西元二四五年），析烏傷縣始置永康縣。相傳，孫權之母吳國太，因病到此進香，祈求「永葆安康」而得名。南朝曾設縉州，唐武德四年改置麗州，武德八年（西元六二五年），復改永康縣，麗州的名稱僅使用了五年。

正如前文所述，閭丘胤並沒有和寒山生活在同一時代；閭丘胤任台州刺史時，寒山尚未示現。因此，〈寒山詩集序〉中，由豐干安排的閭丘胤拜訪寒山、拾得的情節，並非史實。不過，這段情節並非子虛烏有，其原型極有可能是與閭丘胤同樣擔任台州刺史的李敬方（西元？至八五〇年）。宋人計有功的《唐詩紀事．卷五八》「李敬方」條記載：

> 李敬方，字中虔，登長慶進士第。大和中（唐文宗李昂的年號，也作「太和」，西元八二七至八三五年），為歙州刺史。

元代辛文房的《唐才子傳．卷七》「李敬方」條記載：

> 敬方，字中虔。（中略）。太和中仕為歙州刺史，後坐事，左遷台州刺史。

陳耆卿（西元一一八〇至一二三六年）的《嘉定赤城志．卷十》，有兩則關於李敬方的記載：

> 是年（會昌六年，西元八四六年）三月，台州長史員外置李敬方。
> 自寒山回游，此《文苑英華》有敬方〈喜晴〉詩。

《全唐詩．卷五〇八》，有李敬方〈題黃山湯院並序〉：

> 敬方以頭風癢悶，大中五年十二月，因小恤假內，再往黃山浴湯，題四百字。

上述資料顯示，李敬方到訪過寒山，並創作了〈喜晴〉詩；不僅如此，他還與閭丘胤一樣有「頭風」的病症。在〈寒山詩集序〉中，閭丘胤的頭痛被豐干禪師瞬間治癒。因此，〈寒山詩集序〉中閭丘胤的傳說，極有可能是根據李敬方的事蹟編造出來的，其目的是尋求官方的資助和各界的支持。

第五章　寒山生卒年的研究

出生三十年，嘗遊千萬里；行江青草合，入塞紅塵起。
煉藥空求仙，讀書兼詠史；今日歸寒山，枕流兼洗耳。

寒山子是唐代著名的隱逸詩人，他的三百多首詩對中外文壇產生了深遠影響，其撲朔迷離富有傳奇色彩的生平，一千多年來，成為古今學者眾說紛紜的公案。

關於寒山子生卒的主要學說

從史料記載來看，其生卒年主要有「貞觀」「先天」「大曆」諸說。

一、貞觀（西元六二七至六四九年）說

「貞觀說」的依據是，唐貞觀年間，任台州刺史的閭丘胤撰寫了〈寒山子詩集序〉。這篇序文中並無年代，後人根據閭丘胤在貞觀十六年至二十年（西元六四二至六四六年）曾任台州刺史，因此認為寒山是貞觀年間人。

淳熙十六年（西元一一八九年），宋僧釋志南在《天台山國清寺三隱集記》（「三隱」即豐干、寒山、拾得）中，首先認定寒山子是貞觀初年的人。此後，宋四明沙門釋志磐的《佛祖統記》、宋釋本覺的《釋氏通鑑》、元釋熙仲《釋氏資鑑》等典籍，都將寒山定為唐貞觀時人，幾乎成為定論。

二、先天（西元七一二至七一三年）說

宋釋贊寧（西元九一九至一〇〇一年）在《宋高僧傳》中，首次提出「先天說」，依據的是唐代著名史學家韋述（西元？至七五七年）於唐玄宗開元十年（西元七二二年）編撰的《兩京新記》。《兩京新記》，又稱《兩京記》、

《東西京記》，原有五卷，今僅存一卷。《兩京新記》對隋代開皇、大業至唐代開元年間的西京長安、東京洛陽並載，故稱「兩京」，今僅存長安部分。其對兩京之街坊、官舍、園林、寺觀，以及時人掌故多有記載，頗有時譽。

西元一八一〇年，日本學者林衡將其編入《佚存叢書》。《宋高僧傳·卷二十》引用韋述所言，稱豐干曾於先天年間行化於京兆；因此，寒山子也應為先天年間人。元末浙江慈溪臨濟宗僧人釋曇噩（西元一二八五至一三七三年），在至正二年（西元一三六六年）編撰的《科分六學僧傳》中認同此說。

三、大曆（西元七六六至七七九年）說

「大曆說」最早見於宋李昉（西元九二五至九九六年）在《太平廣記》中引用的《仙傳拾遺》。《仙傳拾遺》由唐代天台山道士杜光庭所撰，影響不大，紀昀（西元一七二四至一八〇五年）在《四庫提要》中提及過。

新文化運動期間，胡適為了提倡白話文，著有《白話文學史》。在「唐初

的白話詩」一章中，他介紹了王梵志、寒山子，對寒山子進行系統考證，大曆說因而受到學界重視。此後，余嘉錫在《四庫提要辨證》中，進一步考證了寒山子的生平，大多數學者均採用了大曆說。

胡適之先生的研究

胡適之先生在《白話文學史》中，對寒山的生卒年進行了考證。胡適之先生在撰寫這部文學史的初稿時（西元一九二一年），對多數人向來將寒山視為初唐人的觀點表示懷疑。

《寒山詩》的後序說寒山是貞觀初的人，而此序作於南宋，很靠不住。胡適之先生認為，《寒山詩》這種白話詩一定是晚唐的出品，絕不會出現在唐初。此後，胡適之先生找到了一條證據，印證了自己的懷疑。這條證據在《古尊宿語錄．卷十四．趙州從諗禪師語錄》中，原文如下：

師（從諗）因到天台國清寺見寒山、拾得。師云：「久向寒山、拾得，到來只見兩頭水牯牛。」寒山、拾得便作牛鬥。師云：「叱，叱！」寒山、拾得咬齒相看，師便歸堂。

北宋法眼宗僧道原撰，並於宋真宗景德元年（西元一〇〇四年）奉進的《景德傳燈錄．卷十》記載，從諗於唐乾寧四年（西元八九七年）十一月二日，右脅而寂，壽一百二十。而在《古尊宿語錄．卷十三》的〈趙州真際禪師行狀〉中，從諗於戊子歲十一月十日，端坐而終。「戊子歲」應該是唐明宗天成三年（西元九二八年）。由此可以證明，寒山、拾得應是唐末五代間的人。

七年後，胡適之先生發現這條證據毫無價值。因為，〈行狀〉中說，從諗死於「戊子歲」，而無年號，下文中還有「後唐保大十一年孟夏月，旬有三日，有學者諮問東都東院惠通禪師趙州先人行化厥由。作禮而退，乃授筆錄之。」而後唐無「保大」年號，保大是宋宣和三年至六年（西元一一二一至一一二四年）。另外，《語錄》中說，從諗見了寒山、拾得，又去見百丈和尚（懷海），而百丈死於元和九年（西元八一四年），從諗那時只有六歲，不可能談禪行腳。由此可見，〈趙州從諗禪師語錄〉是一個妄人編撰的，此人毫無歷史知識，任意揑造，不知百丈是何人，也不知寒山、拾得是何人。

胡適之先生認為，後世關於寒山、拾得的傳說，多根據閭丘胤的〈寒山子詩集序〉，序中稱「唐興縣」，「唐興」之名起於高宗上元二年（西元六七五年），此序至早不過七世紀末年，也許是在更晚的時期。閭丘胤在序中沒有說他到台州是在「貞觀初」，「貞觀初」的傳說起於南宋沙門志南的後序。向來，各書記載寒山、拾得會見閭丘胤的年代很不一致。各書所記如下：

（一）貞觀七年（西元六三三年）——宋僧志磐《佛祖統紀》（作於西元一二五六年）

（二）貞觀十六年（西元六四二年）——元僧熙仲《釋氏資鑑》（作於西元一三三六年）

（三）貞觀十七年（西元六四三年）——宋僧本覺《釋氏通鑑》（作於西

元一二七〇年）

（四）先天中（西元七一二至七一三年）——元僧曇噩《科分六學僧傳》（成於西元一三六六年）

（五）貞元末（約西元八〇〇年）——元僧念常《歷代佛祖通載》（成於西元一三四一年）

寒山、拾得見閭丘胤的年代，從貞觀七年到貞元末（西元六三三至八〇〇年），各書相差近一百七十年。這是因為，閭丘胤序中沒有表明年代，古人未免自由猜測；元僧念常將這次見面移到中唐的貞元末年，而胡適之先生起初更是後移到了唐末。

後來，胡適之先生發現王梵志的白話詩以後，又從敦煌寫本《歷代法寶記》中，證實了盛唐時人已經稱引王梵志的詩，不得不改變先前的主張，認為寒山、拾得的詩是在王梵志之後，似有意模仿王梵志的白話詩。胡適之先生認為，關於寒山的材料大概都不可靠，比較可信的只有兩件，都是宋以前的記載。

第一件是五代時汝州風穴禪師延沼（西元八九六至九七三年）引的寒山詩句，《風穴語錄》有一條說：

上堂，舉寒山詩曰：

梵志死去來，魂識見閻老；
讀盡百王書，未免受捶拷。
一稱南無佛，皆以成佛道。

現在流傳的各種《寒山詩》中沒有這首詩；延沼所見，應該是十世紀的古本。此詩說的是王梵志見閻王的故事，可見寒山的詩出於王梵志之後。

第二件是《太平廣記．卷五十五》的「寒山子」條，《太平廣記》是宋初（西元九七七八年）編成的，所收的都是宋以前的小說雜記，這一條注云「出《仙傳拾遺》」，其文如下：

寒山子者，不知其名氏；大曆中，隱居天台翠屏山。其山深邃，當暑有雪，亦名寒岩，因自號寒山子。好為詩，每得一篇一句，輒題于樹間石上。有好事者，隨而錄之，凡三百餘首，多述山林幽隱之興，或譏諷時態，能警勵流俗。桐柏徵君徐靈府，序而集之，分為三卷，行於人間。十餘年忽不復見。咸通十二年，毗陵道士李褐，性褊急，好淩侮人。忽有貧士，詣褐乞食；褐不之與，加以叱責，貧者唯唯而去。數日，有白馬從白衣者六七人詣褐，褐禮接之。因問褐曰：「頗相記乎？」褐視其狀貌，乃前之貧士也。逡巡欲謝之，慚未發言。

忽語褐曰：「子修道未知其門，而好淩人侮俗，何道可冀？子頗知有寒山子邪？」答曰：「知。」曰：「即吾是矣。吾始謂汝可教，今不可也。修生之道，除嗜去欲，嗇神抱和，所以無累也；內抑其心，外檢其身，所以無過也；先人後己，知柔守謙，所以安身也；善推於人，不善歸諸身，所以積德也。功不在小，立之無怠；過不在大，去而不貳，所以積功也。然後內行充而外丹至，可以冀道於彷彿耳。子之三毒未剪，以冠簪為飾，可謂虎豹之鞹，而犬豕之質也。」出門乘馬而去，竟不復見。（出《仙傳拾遺》）

這是關於寒山子的最早的記載。此條說咸通十二年（西元八七一年），道士李褐見仙人寒山子的事情，可見此文作於唐末，此時寒山子已成為仙人。此文說寒山子隱居天台在大曆時，可見他生於八世紀初期，其時代約當西元七〇〇至七八〇年，正是盛唐時期。

寒山子詩中的人與事

寒山子詩中提到的一些歷史上的人與事，是判斷寒山子生卒年的重要參考資料。

一、善導

寒山子〈寒山道〉詩云：

寒山道，無人到；若能行，稱十號。

有蟬鳴，無鴉噪；黃葉落，白雲掃。
石磊磊，山隩隩；我獨居，名善導。
子細看，何相好。

善導大師（西元六一三至六八一年）是淨土宗第二祖，是中國佛教淨土宗的實際創始人。據宋代釋志磐的《佛教統紀》記載，善導卒於永隆二年（西元六八一年）。

二、王梵志

寒山子〈梵志死去來〉詩云：

梵志死去來，魂識見閻老；
讀盡百王書，未免受捶拷。
一稱南無佛，皆以成佛道。

王梵志是初唐著名詩僧。胡適在《白話文學史》中對王梵志的生卒年代進行了詳細考證，推定王梵志大致生活在西元五九〇至六六〇年間。

三、萬迴師

寒山子〈自聞梁朝日〉詩云：

自聞梁朝日，四依諸賢士；
寶志萬迴師，四仙傅大士。
顯揚一代教，任持如來使；
建造僧伽藍，信心歸佛理。
雖乃得如斯，有為多患累；
與道殊懸遠，拆東補西爾。
不達無為功，損多益少利。
有聲而無形，至今何處去？

萬迴是武則天時代具有神異色彩的僧人，有很多靈驗事蹟；其中之一為，萬餘里路程，早晨出發、傍晚返回，因此被稱為「萬迴」。據《景德傳燈錄》記載，萬迴是虢州閿鄉人，姓張氏。唐貞觀六年（西元六三二年）五月五日生，景雲二年（西元七一一年）乙亥十二月八日，卒於長安醴泉里，壽八十。

至於詩中提及的「寶志」（禪師）與「傅大士」（居士），則為梁武帝時代人物，被視為中國禪宗的先驅。

四、吳道子

寒山子〈餘見僧繇性希奇〉詩云：

余見僧繇性希奇，巧妙間生梁朝時；
道子飄然為殊特，二公善繪手毫揮。
逞畫圖真意氣異，龍行鬼走神巍巍；
饒邈虛空寫塵跡，無因畫得志公師。

吳道子，又名道玄，陽翟（今河南禹州）人，唐代著名畫家，畫史尊稱「畫聖」。大約生於永隆元年（西元六八〇年），卒於乾元元年（西元七五八年）前後。

五、南院

寒山子〈個是何措大〉詩云：

個是何措大，時來省南院；
年可三十餘，曾經四五選。
囊裡無青蚨，篋中有黃絹；
行到食店前，不敢暫迴面。

「南院」是禮部放榜的地方，前稱為「南省」，是主管會試之處。會試之後，在南院的牆上放榜，考生們「時來省南院」。唐代李肇的《國史補》記載：「自開元二十二年（西元七三四年），吏部置南院，始懸長名，以定留放。」《唐會要》也有記載：「開元二十八年（西元七四〇年）八月，以考功貢院地，置吏部南院，以置選人文書，或謂之選院。」

吏部南院是由貞觀時的禮部貢院改設的。上述兩種資料雖然相差六年，但是都在貞觀之後，貞觀之前沒有南院。

六、磨磚作鏡

寒山子〈蒸砂擬作飯〉詩云：

蒸砂擬作飯，臨渴始掘井；
用力磨碌磚，那堪將作鏡。
佛說元平等，總有真如性；
但自審思量，不用閑爭競。

「磨磚作鏡」是與唐代禪宗名僧馬祖道一（西元七〇九至七八八年）相關的典故。馬祖道一，漢州（四川廣漢）人，俗姓馬，世稱馬大師、馬祖，名道一。開元年間，隨懷讓習曹溪禪法，言下領旨，密受心法。貞元四年（西元七八八年）正月，登建昌石門山，經行林中託付後事，於二月四日示寂，世壽八十。唐憲宗謚其號為「大寂禪師」。其派發展甚大，稱為「洪州宗」。《景德傳燈錄．卷五》，記載了南嶽懷讓禪師和馬祖道一的對話：

開元中（西元七一三至七四一年），有沙門道一，住傳法院，常日坐禪。師知是法器，往問曰：「大德坐禪圖什麼？」一曰：「圖作佛。」師乃取一磚，於彼庵前石上磨。一曰：「師作什麼？」師曰：「磨作鏡。」一曰：「磨磚豈得成鏡耶？」師曰：「坐禪豈得成佛耶？」

上述之人與事，除了善導、王梵志跨越貞觀（西元六二七至六四九年）年間，其餘都在貞觀之後。因此，寒山子生活在貞觀年間的觀點是無法成立的。

寒山子的生卒年

在前文例舉的寒山子〈個是何措大〉詩中，有「曾經四五選」，這說明寒山經歷了四、五次科舉考試，並且通過了禮部會試；但是，在吏部授官前，以「身言書判」為內容的考試中，屢次名落孫山。寒山子〈出生三十年〉詩云：

出生三十年，嘗遊千萬里；
行江青草合，入塞紅塵起。
煉藥空求仙，讀書兼詠史；
今日歸寒山，枕流兼洗耳。

在這首詩中，寒山敘述了自己的漫遊經歷。「行江青草合」是江南之行，「入塞紅塵起」則是出征邊塞。唐代士子若科舉不第，大多成為官員幕僚。在初盛唐時代，落第士子奔赴邊庭，以圖建功立業、加官進爵。寒山在屢次科場失意後從軍，實屬必然。在日本江戶時代的寒山詩各箋注本中，都收錄了一首寒山子的〈少年懶讀書〉：

少年懶讀書，三十業由未；
白首始得官，不過十鄉尉。

不如多種黍，供此伏家費；
打酒詠詩眠，百年期彷彿。

在中國的各寒山子詩集版本中，沒有這首詩。日本寬文十二年（西元一六七二年），連山交易（西元一六三五至一六九五年）的《寒山子詩集管解》，對此詩有注：

檢異本得之。異本者，隋州大洪住山慶預序，並劉覺先跋有之。

由此看來，此異本與日本其他版本並非一個系統，應該在徐靈府編纂《寒山子集》前已經傳入日本。另一種可能是，道士徐靈府編纂的《寒山子集》原本有這首詩；晚唐時期，僧人對徐靈府編本進行刪改，剔除了這首沒有佛教色彩的詩。這首〈少年懶讀書〉詩，是瞭解寒山生平極為重要的第一手資料。詩中的「少年懶讀書，三十業由未」，與〈個是何措大〉、〈出生三十年〉等寒山自述早年生活的敘事詩吻合，證明寒山約三十歲時經歷過四、五次科舉考試都未能入仕，頓生「枕流兼洗耳」的願望，遠走他鄉，最終「今日歸寒山」。

寒山的這種選擇，除了仕途不順及家庭或許不睦之外，還應該關注唐代至德元年（西元七五六年）的遷移潮；這是唐代歷史上無法忽視的事件，也是唐代眾多士人生活的轉捩點。

在安史之亂之前，唐朝飽受來自吐蕃王國的侵擾；從金城公主進藏（西元七一〇年）到天寶十四年（西元七五五年）安祿山之亂爆發時期為止，唐蕃間共發生了四次戰爭。在四次戰爭之間也有和平時期，但這樣的時間非常短；從記載上來看，幾乎都是連續交戰的狀態。當時，吐蕃在青海、東西突厥、帕米爾等方面，與唐朝的勢力範圍有接觸，戰爭的舞臺並不局限在作為金城公主陪嫁的河西九曲地區。

天寶十四年開始的安史之亂，從根本上動搖了大唐帝國的基礎；從打開通向新時代的道路這一點上來說，在東亞史上具有重要意義。但是，另一方面，西北方面的諸民族，趁陷入混亂的帝國體制出現漏洞之時，在帝國周邊以各式各樣的形式從事各種活動；從成為後來的塞外異民族發展的先導這一點來說，此次動亂也具有重要意義。

也就是說，動亂爆發之時，唐朝在西北方面的各方軍隊，為了進行鎮壓而向中原移動，西部因此出現大面積的空隙；趁著這些空隙出現，北方的回紇族及西方的吐蕃，進一步擴大發展先前已經取得的勢力。特別是吐蕃，早先便與唐朝的邊境軍隊進行過激烈戰爭，傾力擴張其勢力；他們以此次動亂為大好時機，把隴右、河西方面納入手中，於廣德元年（西元七六三年）入侵唐朝首都長安，並於短時間內建立了傀儡政權。

此事對當時的人心帶來極大衝擊，任何一本史書都對其前後經過做了詳細記述，令讀者心生悲壯之感。另一方面，此事在藏地也是值得大書特書的事件；《青史》等西藏具有代表性的史書中，記錄下了作為西藏古代王國值得誇耀的勝利。

安祿山之亂是天寶十四年發生的，此亂給唐朝和吐蕃兩國的對抗關係帶來了決定性的影響。為了討伐安祿山的軍隊，河東、朔方的軍隊，分別由李光弼、郭子儀率領出動；隴右、河西的軍隊，也由哥舒翰率領著向潼關進擊。

玄宗在至德元年（西元七五六年）六月，離開馬嵬向四川出發時，皇太子亨不知該去向何處；建寧王李倓和李輔國一起進諫，在此處停留，收西北守邊之兵，召李光弼、郭子儀於河北，與之合力東討逆賊。太子亨七月在靈武（寧夏回族自治區寧夏縣南）即位，成為肅宗。當月，河西節度副使李嗣業受命率兵五千及時趕到行宮。幾乎同時，安西行軍司馬李棲筠率領精兵七千共赴國難。同年十二月，于闐王尉遲勝將國事委託其弟曜，親自率兵五千前來救援。

翌年正月，肅宗進入保定（涇州安定郡，即今甘肅省涇川縣），其理由是聽說安西、北庭、費爾幹納（大宛）、大食諸國的軍隊，已經到達涼、鄯二州。同年九月，肅宗之子廣平王俶（後來的代宗）作為元帥，率領朔方、安西、回紇、南蠻、大食的二十萬大軍，開始向東方進擊，連中亞的諸國軍隊也前來參加戰鬥；隴右、河西的軍隊向東方移動，從大局上來看是理所當然之事。河西、隴右地區出現了空虛，是誘發在這一地區被封鎖的吐蕃積極發起軍事活動的必然原因。

《新唐書．吐蕃傳》記載：

> 及潼關失守，河洛阻兵，於是盡征河隴、朔方之將鎮兵入靖國難，謂之行營。曩時軍營邊州無備預矣。乾元〔西元七五八至七五九年〕之後，吐蕃乘我間隙，日蹙邊城，或為虜掠傷殺，或轉死溝壑。數年之後，鳳翔之西，邠州之北，盡蕃戎之境，淹沒者數十州。

至德元年八月，吐蕃贊普和回紇可汗，相繼派遣使者申請派遣救援軍隊。翌九月，派遣邠王守禮之子承寀，作為敦煌王前往回紇和親，目的當然是向回紇請求援兵；承寀還發動費爾幹納的軍隊，又曉諭諸國，將報以厚賞，動員跟隨安西的軍隊進行援助。此時，唐朝沒有向吐蕃請求援助，《冊府元龜．卷九七三》「外臣部助國討伐」中記載，翌二年，天子在鳳翔時：

> 吐蕃遣使來朝，請助討賊；引見之，賜以束帛器物有差。

從這件事情可以明顯看出，唐朝確實不信任吐蕃；與此後回紇得到唐朝的厚待來看，這相當傷害吐蕃的感情。

另一方面，天寶十四年，安、史率叛兵南下，進攻中原；次年六月，潼關失守，叛軍取西京，玄宗倉皇奔蜀。肅宗至德二年（西元七五七年），唐軍收復長安，平息了安史之亂。《舊唐書．郭子儀傳》記載了這個時期的慘狀：

夫以東周之地，久陷賊中，宮室焚燒，十不存一。百曹荒廢，曾無尺椽；中間畿內，不滿千戶。井邑榛荊，豺狼所嗥；即乏軍儲，又鮮人力。東至鄭汴，達于徐方，北自覃懷，經於相土，人煙斷絕，千里蕭條。將何以奉萬乘之牲餼，供百官之次舍？

安史之亂期間，大批中原地區的士人南下避亂。尤其是至德元年六月，玄宗逃往蜀地，引發了移民潮。《舊唐書．卷一四八》記載：

兩京蹂于胡騎，士君子以家渡江東。

顧況（西元七二五至八〇六年）的〈送宣歙李衙推八郎使東都序〉云：

天寶末，安祿山反，天子去蜀，多士奔吳為人海。

當時，大批士人隱姓埋名，南下入山避禍；「三十業由未」的寒山，也成為至德元年南遷移民中的一員。從至德元年寒山南遷上推三十年，是開元十四年（西元七二六年）；由此可知，寒山應出生於開元十四年。寒山子〈老病殘年百有餘〉詩云：

老病殘年百有餘，面黃頭白好山居；
布裘擁質隨緣過，豈羨人間巧樣模。
心神用盡為名利，百種貪婪進己軀；
浮生幻化如燈燼，塚內埋身是有無。

由這首詩中的「老病殘年百有餘」可知，寒山或許活到了百歲。在得出寒山出生於開元十四年的前提下，再下推百餘年，是寶曆二年（西元八二六年）；這是徐靈府遷居天台桐柏方瀛，完成《天台山記》並著手編纂《寒山子集》的時間。徐靈府編纂《寒山子集》，是為了在寒山辭世後，不使其詩作散佚。因此，可以利用徐靈府收集寒山詩的行為，判斷寒山子的歿年。根據杜光庭《仙傳拾遺》記載：

桐柏徵君徐靈府序而集之，分為三卷，行於人間。

這或許是寒山卒於寶曆二年的佐證。徐靈府於元和十年（西元八一五年）由衡嶽移居天台，長慶元年（西元八二一年）定居方瀛，寶曆元年（西元八二五年）撰寫《天台山記》，其中並沒有提及寒山子及其詩作；由此可見，徐靈府當時並不瞭解寒山子。

之後，徐靈府開始籌畫重修桐柏宮，自大和元年（西元八二七年）開始，至大和三年（西元八二九年）完工，並邀請唐朝著名詩人浙東團練觀察使、越州刺史元稹（西元七七九至八三一年）書寫碑文；大和四年（西元八三〇年）四月，《修桐柏宮碑》完成，宣告重修結束。如果此時徐靈府已收集寒山子詩，應該告知以詩歌見長的元稹；因此，收集寒山子詩應該是在大和四年之後。

綜而言之，如果以西元八三〇年為寒山子的卒年，其生卒年則為開元十四年至大和四年（西元七二六至八三〇年），意即寒山活動於中晚唐時期。

第六章　寒山的生平

寒山出此語，此語無人信；密甜足人嘗，黃檗苦難近。順情生喜悅，逆意多瞋恨；但看木傀儡，弄了一場困。

寒山的一生大致以三十多年為一階段，共三個時期，即咸京（咸陽）生活期、天台農隱期、寒岩山居期；這三個時期，是寒山思想上由儒而道、最終入佛的過程。

咸京生活期的寒山，度過了意氣風發的少年時代，是具有強烈入世願望的青年儒生，有過東堂折桂的理想和追求。三十多歲時，經歷了四、五次科舉而不登仕途；動盪的時代和個人際遇的坎坷，促使寒山加入南遷的洪流，然後隱居天台。

農隱期間，辛苦勞作的同時，又服氣餐霞、煉藥求仙，在世俗和自我之間設立了一道精神屏障。寒岩山居期間，走進國清寺，帶著深厚的儒學和道教的修養參佛，展示出特殊的禪學智慧，並使用通俗易懂的詩歌語言傳達這種智慧；在對佛性的體悟中，度過了最後的歲月。

寒山的出生地及家世

寒山子在〈去年春鳥鳴〉詩中，提到其出生地：

> 去年春鳥鳴，此時思弟兄；今年秋菊爛，此時思發生。
> 淥水千場咽，黃雲四面平；哀哉百年內，腸斷憶咸京。

詩中的「咸京」，即咸陽，唐人代指京城長安。這首詩是年逾百歲的寒山，在天台山懷念家鄉弟兄的思鄉之作。詩中的「淥水」，位於湖南東部，流經醴陵、株洲等地，古稱「吳楚咽喉」，很難想像百歲老人特意到這裡懷舊。在《永樂大典》本、日本宮內省本等寒山詩版本中，「淥水」是「綠水」，是寒山隱居的寒岩前、一條寬約四十米的「岩前溪」。

開元十四年（西元七二六年），寒山出生於咸陽；咸陽距離唐都長安僅二十五公里，寒山在這裡度過了童年和青少年時期。直到安史之亂，三十餘歲的寒山才背井離鄉，遷移到南方。

咸京位於關中平原的中心，關中平原西起寶雞峽，東至潼關，東西長約三百六十公里，自古有「八百里秦川」之稱。長安周圍有渭、涇、灃、澇、潏、滈、滻、灞八條河流環繞，分屬渭、涇兩大水系，即所謂「八水繞長安」。這裡氣候溫和，雨量適中，土地肥沃，八條河流又形成了守護都城的天然屏障，成為中國古代帝王定都的首選之地，先後有西周、秦、西漢、新莽、東漢、西晉、前趙、前秦、後秦、西魏、北周、隋、唐等十三個王朝在此建都。漢初張良（西元？至前一八六年）感歎此地優渥的自然條件：

> 夫關中左崤函、右隴蜀，沃野千里，南有巴蜀之饒，北有胡苑之利，阻三面而守，獨以一面東制諸侯，諸侯安定；河渭漕挽天下，西給京師。諸侯有變，

順流而下，足以委輸。此所謂金城千里、天府之國也。

寒山出生前後的玄宗開元年間（西元七一三至七四一年），長安城格外繁華。處於盛唐的長安，是當時享譽四海的國際都市，是亞洲乃至世界的經濟文化中心，居民有三十餘萬戶，人口一百七八十萬；還有眾多歐洲及中亞各國民眾旅居長安，在此留學、經商，甚至傳教。中唐詩人顧況（西元七二七至八一五年），晚年在滄州回憶長安上元夜的盛況，於〈上元夜憶長安〉詩中抒發感慨：

滄州老一年，老去憶秦川；處處逢珠翠，家家聽管弦。
雲車龍闕下，火樹鳳樓前；今夜滄州夜，滄州夜月圓。

晚唐詩人秦韜玉在〈天街〉詩中描繪了長安的繁華：

九衢風景盡爭新，獨佔天門近紫宸；
寶馬競隨朝暮客，香車爭碾古今塵。
煙光正入南山色，氣勢遙連北闕春；

莫見繁華只如此，暗中還換往來人。

正史中沒有關於寒山家世的記載，甚至不知道其姓氏；由此可以推測，寒山並非出身於上層官僚家庭。

在唐代，對參加科考的人有嚴格的規定，觸犯過大唐律法的人、工商弟子和州縣小吏，不得參加科考。屢次參加科考的寒山，應該不屬於上述家庭。寒山子〈父母續經多〉詩云：

父母續經多，田園不羨他；婦搖機軋軋，兒弄口喎喎。

拍手催花舞，搘頤聽鳥歌；誰當來歎賀，樵客屢經過。

此詩指出寒山子從父母那裡繼承了可觀的基業和財產；由此可見，寒山的家世應該是半耕半讀的富裕地主階層。唐代開元、天寶時代，庶族地主子弟入仕大致有三條路徑：一是從流外「入流」——九品以外的低級胥吏，稱為流外官；流外官通過考選，提拔為流內官，稱為「入流」。二是從軍，以軍功入仕；三是通過科舉考試。出身於這種家世的寒山，上述入仕手段都努力嘗試過。寒山子〈少年學書劍〉詩云：

少年學書劍，叱馭到荊州；聞伐匈奴盡，婆娑無處遊。
歸來翠岩下，席草玩清流。壯士志未騁，獼猴騎土牛。

寒山子的這首詩，誤置於拾得詩中。拾得是豐干撿來的孩子，從小生活在國清寺，很難有「學書劍」這樣的機會。由這首詩可知，寒山少年時代「學書劍」，為科舉和從軍入仕打基礎。寒山子的〈元非隱逸士〉詩，還講述了在魯地的胥吏經歷：

元非隱逸士，自號山林人；仕魯蒙幘帛，且愛裹疏巾。
道有巢許操，恥為堯舜臣；獼猴罩帽子，學人避風塵。

寒山子在〈我有六兄弟〉詩中，自敘有六兄弟：

我有六兄弟，就中一個惡；打伊又不得，罵伊又不著。
處處無奈何，耽財好淫殺；見好埋頭愛，貪心過羅剎。
阿爺惡見伊，阿娘嫌不悅。昨被我捉得，惡罵恣情掣；

趁向無人處，一一向伊說。汝今須改行，覆車須改轍；
若也不信受，共汝惡合殺。汝受我調伏，我共汝覓活；
從此盡和同，如今過菩薩。學業攻爐冶，煉盡三山鐵。
至今靜恬恬，眾人皆贊說。

依此詩所言，寒山子或有兄弟六人，其中有一個貪財好色、惡跡昭彰。在舉家痛恨的情況下，是寒山教育轉化了他；後來改邪歸正學煉鐵，受到鄰里的讚揚。

不過，這首詩也有另一解釋，亦即用修行的角度來看此詩之「寓意」。「六兄弟」指的是「眼、耳、鼻、舌、身、意」六識，「我」則是指自身之佛性。人之為惡，乃因「意識」之貪瞋癡；故須透過修行降伏意識，使之向善。此或可做為寒山「禪詩」的解釋角度之一。

寒山的童年至青年時期

寒山的童年、少年、青年時代，正值唐玄宗的開元盛世。透過以下四首寒山子的自敘詩，能夠窺見他在這個時期的生活情況——

其一、〈尋思少年日〉

尋思少年日，游獵向平陵；國使職非願，神仙未足稱。
聯翩騎白馬，喝兔放蒼鷹。不覺大流落，皤皤誰見矜。

其二、〈去年春鳥鳴〉

去年春鳥鳴，此時思弟兄；今年秋菊爛，此時思發生。
淥水千場咽，黃雲四面平；哀哉百年內，腸斷憶咸京。

其三、〈雍容美少年〉

雍容美少年，博覽諸經史；盡號曰先生，皆稱為學士。
未能得官職，不解秉耒耜；冬披破布衫，蓋是書誤己。

其四、〈少小帶經鋤〉

少小帶經鋤，本將兄共居；緣遭他輩責，剩被自妻疏。
拋絕紅塵境，常遊好閱書；誰能借斗水，活取轍中魚？

透過這幾首詩，寒山青少年時期的身影躍然紙上。他騎白馬奔往「平陵」狩獵，平陵是漢昭帝的陵墓，位於長安西北七十里，是漢代五陵之一。漢代立帝陵，要遷徙富豪貴族居於陵側；因此，五陵也指豪貴們的住地。杜甫（西元七一二至七七〇年）的〈秋興八首〉之三，也記述了年少時在五陵一起求學的同學，大都已經飛黃騰達：

千家山郭靜朝暉，日日江樓坐翠微；
信宿漁人還泛泛，清秋燕子故飛飛。
匡衡抗疏功名薄，劉向傳經心事違；
同學少年多不賤，五陵衣馬自輕肥。

時值初唐到盛唐，唐朝國勢強大，國都長安歌舞昇平。寒山的同學們大都在長安附近的五陵，穿輕裘、乘肥馬，過著富貴的生活。「少小帶經鋤」的「雍容美少年」寒山，常遊好閱書，博覽諸經史，這與父親及共居的兄長提供的生活保障分不開。在京畿這種特殊環境中生活的富裕階層，無疑更加渴望能夠步入仕途。寒山的父親沒能入仕，可以想像他對兒子們的培養及期待，寒山應該按部就班接受了系統教育。

在唐代，一般是從六歲開始，接受啟蒙教育，十四歲進入官學。這期間，寒山主要學習唐代儒學教育的經典《孝經》、《論語》。根據《新唐書·選舉志·卷三十四》：「凡童子科，十歲以下能通一經及《孝經》、《論語》，卷誦文十，通者予官。」

寒山懷念親人的鄉愁詩還有〈弟兄同五郡〉：

弟兄同五郡，父子本三州；欲驗飛鳧集，須旌白兔遊。
靈瓜夢裡受，神橘座中收；鄉國何迢遞，同魚寄水流。

詩中引用了六則孝養典故，應該注意的是，開頭的「弟兄同五郡」和「父子本三州」兩則典故的內容，是孝養無血緣關係的長輩。藉由這首詩，能夠窺察出年幼的寒山，對儒學「孝」之思想的深刻理解和對人類的關愛。

科舉不第

科舉制度是中國歷史上通過考試選拔官員的一種基本制度，淵源於漢朝，創始於隋朝，確立於唐朝，完備於宋朝，興盛於明、清兩朝，廢除於清朝末年，歷經隋、唐、宋、元、明、清。中國古代科舉制度中，通過最後一級中央政府朝廷考試者，稱為「進士」，是古代科舉殿試及第者的稱號。「進士」之稱，始見於《禮記．王制》：

大樂正論造士之秀者以告于王，而升諸司馬，曰「進士」。司馬辨論官材，論進士之賢者以告于王，而定其論；論定然後官之，任官然後爵之，位定然後祿之。大夫廢其事，終身不仕，死以士禮葬之。有發，則命大司徒教士以車甲。凡執技論力，適四方，裸股肱，決射御。凡執技以事上者：祝、史、射、御、醫、卜及百工。凡執技以事上者，不貳事，不移官，出鄉不與士齒；仕於家者，出鄉不與士齒。

大樂正考察評定優秀的國學畢業生，上報於天子，並薦舉給司馬，被薦舉的學生就叫進士。司馬逐個考察每個進士有什麼樣的才能，看適合什麼樣的職位，然後上報天子，並拿出結論。確定結論後，委派官職試用；如果能夠勝任官職，再封以爵位；定下爵位後，發給俸祿。大夫如果因怠忽職守而被罷免，終身不再錄用，死後用「士」的葬禮葬之。遇到國家徵召，命令大司徒對國學生加以軍事訓練。

如果是按照技藝謀生的人，只考察技藝精不精湛，德行不予以考慮。有任務需要他們去執行，就讓他們捲起衣袖褲管，以比賽技藝的方式來決定人選。靠技藝為官府服務以謀生的人，計有祝、史、射、御、醫、卜及各種工匠；這類人不能夠從事其他行業，即使在某方面有了成績也不能升官，離開本鄉就不能與士論輩分年齡。在大夫家裡服務的這類人，離開本鄉後也是如此。

周官樂正，是西周大學教官，分大樂正、小樂正，大樂正以「詩、書、禮、樂」四術教育貴族子弟。春夏，陽也；詩、樂者聲，聲亦陽也；秋冬，陰也；書、禮者，事事亦陰也。因此，〈禮記．王制〉有「春秋教以禮、樂，冬夏教以詩、書」。

依據《周禮．地官．大司徒》記載，周官大司徒的職責是「以鄉三物教萬民而賓興之，一曰『六德』：知、仁、聖、義、忠、和；二曰『六行』：教、友、睦、婣、任、恤；三曰『六藝』：禮、樂、射、御、書、數。」凡士之有善，鄉先論士之秀者，升諸司徒，曰「選士」；司徒論選士之秀者而升諸學，曰「俊士」；既升而不徵者，曰「造士」；大樂正論造士之秀者，升諸司馬，曰「進士」。

大業年間（西元六〇五至六一六年），隋煬帝廢除了兩漢以來的「鄉舉里選」，以及魏晉南北朝將選舉權收回中央的「九品中正制」，開始以「進士科」

選取人材；進士科除考經學和時務策以外，還要「加考詩賦」。唐朝時也設有此科，凡應試者謂之「舉進士」，中試者皆稱「進士」。唐朝以「進士」和「明經」兩科最為主要，後來詩賦成為進士科的主要考試內容。

《唐摭言．卷一．述進士下篇》記載：

> 元和中，中書舍人李肇撰《國史補》，其略曰：進士為時所尚久矣，是故俊乂實在其中。由此而出者，終身為聞人，故爭名常為時所弊。其都會謂之「舉場」，通稱謂之「秀才」，投刺謂之「鄉貢」，得第謂之「前進士」，互相推敬謂之「先輩」，俱捷謂之「同年」，有司謂之「座主」，京兆府考而升者謂之「等第」，外府不試而貢者謂之「拔解」，將試各相保謂之「合保」，群居而賦謂之「私試」，造請權要謂之「關節」，激揚聲價謂之「還往」。既捷，列名於慈恩寺塔謂之「題名」，大宴於曲江亭子謂之「曲江會」，藉而入選謂之「春關」。不捷而醉飽謂之「打眊燥」，匿名造謗謂之「無名子」，退而肄業謂之「過夏」，執業以出謂之「夏課」，挾藏入試謂之「書策」，

此其大略也。其風俗繫于先達，其制置存於有司。

唐朝皇帝繼承了隋代建立的人才選拔制度，並進一步完善，唐太宗、武則天和唐玄宗是改進科舉制度的關鍵人物。《唐摭言．卷一．散序進士》記載：

進士科始于隋大業中，盛於貞觀、永徽之際。縉紳雖位極人臣，不由進士者，終不為美，以至歲貢常不減八九百人。其推重謂之「白衣公卿」，又曰「一品白衫」。其艱難謂之「三十老明經，五十少進士」。其負倜儻之才，變通之術，蘇、張之辨說，荊、聶之膽氣，仲、由之武勇，子房之籌畫，宏羊之書計，方朔之詼諧，咸以是而晦之。修身慎行，雖處子之不若。其有老死於文場者，亦所無恨。故有詩云：「太宗皇帝真長策，賺得英雄盡白頭！」

唐人科舉，進士科最難，明經科較易，因此，唐人有諺云：「三十老明經，五十少進士。」意思是說，三十歲考上明經科，已算是年老，而五十歲登進士第，尚屬年輕。「太宗皇帝真長策，賺得英雄盡白頭！」取自趙嘏（西元八〇六至八五三年）的〈殘句〉詩。趙嘏曾舉進士，屢試落第；後雖登第，卻身居微官，不為所用，鬱鬱終身。這兩句詩讚頌太宗皇帝制定了長遠的謀略，用科舉考試的辦法，籠絡天下有學問的人，通過進士及第的辦法來作官，誘得天下英雄為之白了頭，毫無怨言；而實際上暗含譏諷，抒發其抑鬱不平之氣。

在唐朝，「進士」是指被學館或州府先舉薦，應進士科，而尚未及第者的統稱。舉於禮部的「俊義」是進士及第者，在「謝恩」、「過堂」之後，參加「曲江之宴」、「杏園探花」，以及慈恩寺雁塔題名。此後，成為「聞人」，還得經過重重關卡。唐代舉子先參加禮部舉行的貢舉試，進士及第後，再參加吏部舉行的「關試」。此後，才具有「選人」資格，成為有資格參加吏部銓選，尚未授官任職的人，稱為「前進士」。「前進士」在吏部的「關試」後，取得「守選」資格，才能參加吏部的授官考試。「前進士」通過吏部的「關試」，取得「春關」資格後，不能馬上任職，還得等候吏部的銓選期滿，才能參加吏部的授官考試，這段時間稱為「守選」。進士及第要守選三年，明經及第守選七年，明法及第守選五年，童子科及第守選十一年。除了及第舉子以外，守選的主要對象是六品以下考科期滿，停官待選的「前資官」。「前進士」通過吏部的授官考試後，從九品官做起，才有可能成為「白衣公卿」，差不多已消耗一個人的大半生時光。

按唐制，進士考試在秋季舉行，放榜則在下一年春天；這時的長安，正春風輕拂、春花盛開。城東南的曲江、杏園一帶春意更濃，新進士在這裡宴集同年，公卿家傾城縱觀於此。趙嘏在〈今年新先輩以遏密之際每有宴集必資清談書此奉賀〉詩中，描繪了新進士們「滿懷春色向人動，遮路亂花迎馬紅」的場景。唐代詩人孟郊（西元七五一至八一四年）兩次落第，四十六歲那年進士及第，按捺不住得意欣喜之情，寫了一首〈登科後〉：

昔日齷齪不足誇，今朝放蕩思無涯；
春風得意馬蹄疾，一日看盡長安花。

以往在生活上的困頓，與思想上的局促不安，再不值得一提了！今朝金榜題名，鬱結的悶氣已如風吹雲散，心中有說不盡的暢快。策馬於春花爛漫的長安道上，今日的馬蹄格外輕盈；不知不覺中，早已看完長安的繁花。這首看似春風得意的〈登科後〉詩背後，充分體現了求第學子的辛酸。

唐代傑出的文學家、思想家、哲學家、政治家韓愈（西元七六八至八二四年）的科舉之路同樣充滿坎坷。貞元二年（西元七八六年），韓愈離開宣城（即宣州），隻身前往長安，欲投奔族兄韓弇；適逢韓弇前往河中，之後遇害，韓愈遂投靠名將馬燧，曾作〈貓相乳〉以感其德。

貞元五年（西元七八九年），韓愈返回宣城，此後三次參加科舉考試，均失敗。貞元八年，韓愈第四次參加進士考試，終於登進士第。貞元九年，參加吏部的博學宏詞科考試，遭遇失敗。同年，韓愈之嫂鄭夫人逝世，他返回河陽（今河南省孟州市），為其守喪五個月。貞元十年，韓愈再度至長安，參加博學宏詞科考試，又失敗。貞元十一年，他第三次參加博學宏詞科考試，仍失敗。期間曾三次給宰相上書，均未得到回覆。同年，離開長安，經潼關回到河陽縣，前往東都洛陽。貞元十二年七月，韓愈因為受宣武節度使董晉推薦，得試祕書省校書郎，並出任宣武軍節度使觀察推官。

韓愈任觀察推官的三年間，在指導李翺、張籍等青年學文的同時，利用一切機會，極力宣傳自己對散文革新的主張。貞元十六年（西元八〇〇年）春，韓愈回到徐州，於同年夏離開徐州，回到洛陽。同年冬，韓愈前往長安，第四次參吏部考試。貞元十七年，通過銓選。貞元十八年春，韓愈被任命為國子監四門博士。貞元十五年，韓愈在〈與李翺書〉中，向當時身在長安的李翺訴苦：

僕之家本窮空，重遇攻劫，衣服無所得，養生之具無所有，家累僅三十口，攜此將安所歸托乎？〔中略〕僕在京城八九年，無所取資，日求於人以度時月，當時行之不覺也；今而思之，如痛定之人思當痛之時，不知何能自處也。

今年加長矣，復驅之使就其故地，是亦難矣。

韓愈家本來就窮困，最近又遭劫難，面對一家三十口的生計問題，陷入極其艱難尷尬的處境之中。韓愈曾經在京城度過的八、九年時間裡，生活沒有經濟來源，只能每天靠求人打發日子。這些過往，如今想來依然令他痛定思痛。

韓愈的科考之路，雖然歷經了很多苦難，最終還是通過了銓選。而寒山歷經科舉的煎熬，始終不能得第。寒山子的以下四首詩，可以瞭解其坎坷的科場之路——

其一、〈個是何措大〉

個是何措大，時來省南院；年可三十餘，曾經四五選。
囊裡無青蚨，篋中有黃絹；行到食店前，不敢暫迴面。

其二、〈書判全非弱〉

書判全非弱，嫌身不得官；銓曹被拗折，洗垢覓瘡瘢。
必也關天命，今冬更試看；盲兒射雀目，偶中亦非難。

其三、〈昨日何悠悠〉

昨日何悠悠，場中可憐許；上為桃李徑，下作蘭蓀渚。
復有綺羅人，舍中翠毛羽；相逢欲相喚，脈脈不能語。

其四、〈一為書劍客〉

一為書劍客，三遇聖明君；東守文不賞，西征武不動。

學文兼學武，學武兼學文；今日既老矣，餘生不足云。

唐代貢舉考試於二月在貢院舉行，貢院在禮部南院，在南院東牆放榜。吏部銓選考試在吏部南院，冬天考試，也在南院放榜。根據《新唐書・選舉志下・卷三十四》：

凡擇人之法有四：一曰身，體貌豐偉；二曰言，言辭辯正；三曰書，楷法遒美；四曰判，文理優良。

由寒山子的〈個是何措大〉詩可知，三十多歲的寒山，「曾經四五選」，是通過了吏部「關試」，具有「選人」資格的「前進士」。寒山總結科考失利的原因，說「書判全非弱」。寒山的楷書遒美，文理優良；但是，「嫌身不得官」，是由於自身不符合「體貌豐偉」的標準落選，這是銓曹「洗垢覓瘡瘢」的吹毛求疵，刻意挑剔。面臨挫折，寒山沒有氣餒，還想「今冬更試看」，參加冬季的選官——即吏部的銓選考試，試試運氣。

「措大」，是對窮書生的稱呼。經過科舉的折磨，時至今日，這位貧困潦倒的措大，「囊裡」無錢財，只剩下「篋中」的書卷，連行到食店前，都不敢回一下頭。這位學文又學武、學武又學文的書劍客，文得不到賞識，武沒有建功立業，只能感嘆「今日既老矣，餘生不足云」。在〈昨日何悠悠〉詩中，通過回憶，描述了一段深情的相遇與別離；「相逢欲相喚，脈脈不能語」，寒山以這種無言的形式，告別為之奮鬥了三十餘年的科考生活。

輾轉流落

唐代的對外擴張戰略，開始於高宗、太宗時代。大唐趁突厥混亂之際，進攻西域，至玄宗時又展開了與吐蕃、大食的戰爭；特別是與最強對手吐蕃之間的武力衝突，早在七世紀中期的高宗時代就已經開始。

玄宗時代的戰亂，始於唐開元二年（西元七一四年）與契丹的戰爭，重複著與吐蕃或者突厥的攻守拉鋸戰及冷戰對峙。這種狀況一直持續到天寶十一年（西元七五二年）的石國（塔什干）塔拉斯河戰役，前後歷時達三十八年之久。

天寶十一年，唐朝與阿拔斯王朝（黑衣大食）之間爆發了塔拉斯河戰役，這是唐帝國與伊斯蘭國家兩大勢力的正面衝突。但是，由於天寶八年（西元七四九年）、九年與吐蕃交戰，加上天寶十年攻打南詔、契丹，唐帝國在軍事層面疲態盡顯，終於在塔拉斯河戰役中落敗。薩拉森史書《伊本．艾賽爾史記》中記載，阿拔斯王朝的軍隊殺唐軍五萬、虜獲兩萬。同年，唐帝國又在雲南戰敗，八萬士兵折損了六萬。唐朝詩人李白（西元七〇一至七六二年）創作於唐玄宗天寶年間（西元七四二至七五六年）的〈戰城南〉，反映出當時戰爭的嚴酷現實：

去年戰，桑乾源；今年戰，蔥河道。洗兵條支海上波，放馬天山雪中草；
萬里長征戰，三軍盡衰老。匈奴以殺戮為耕作，古來唯見白骨黃沙田。
秦家築城避胡處，漢家還有烽火然〔燃〕；烽火然不息，征戰無已時。

野戰格鬥死，敗馬號鳴向天悲；烏鳶啄人腸，銜飛上掛枯樹枝。

士卒塗草莽，將軍空爾為。乃知兵者是凶器，聖人不得已而用之。

根據新舊唐書記載，天寶年間，唐玄宗輕動干戈，逞威邊遠，而又幾經失敗，給人民帶來深重災難。詩中的「桑乾」、「蔥河」、「條支」、「天山」都是邊疆及域外的地名，「萬里長征戰」是征伐頻繁和廣遠的總括，「三軍盡衰老」是長年遠征的必然結果；「府兵制」之下的士兵，在無謂的戰爭中耗盡了青春的年華和壯盛的精力。這首詩先從征伐的頻繁和廣遠方面落筆，進而從歷史方面著墨，從戰爭的殘酷性上揭露不義戰爭的罪惡，最後點明主題。全詩不拘泥於古辭，從思想內容到藝術形式都表現出很大的創造性。

「府兵制」是中國古代兵制之一，由西魏權臣宇文泰（西元五〇七至五五六年）創建於大統年間（西元五三五至五五一年），歷北周、隋至唐朝初期而日趨完備，唐太宗時期達到鼎盛，唐玄宗天寶年間停廢，歷時約二百年。府兵制是一種世襲的、兵農合一的兵制，平時為耕種土地的農民，農隙訓練，戰時從軍打仗，參戰武器和馬匹需要自備。

府兵制源起於北魏時期鮮卑人當兵、漢人務農的政策，這是一種民族隔離政策，鮮卑人高漢人一等，漢人沒有資格當兵。府兵制可以生存，是建立在嚴格執行均田制的基礎上。所謂「均田制」，是在連年戰亂後出現大量無主荒地；中央朝廷將大量荒地派發給沒有土地的流民耕種，同時要求這些領到田地的農民承擔參加軍事訓練和戰時應敵的義務。從唐高宗到唐玄宗，均田制被慢慢蠶食，以均田制為生存土壤的府兵制也隨之名存實亡。

在這種局勢下，隨著科舉夢想的破滅，寒山充分體悟到了人情冷暖，即使是父兄妻子也不能避免。以下四首寒山子詩，反映出寒山子當時的心境。

其一、〈大有好笑事〉

大有好笑事，略陳三五個；張公富奢華，孟子貧轗軻。
只取侏儒飽，不憐方朔餓。巴歌唱者多，白雪無人和。

其二、〈極目兮長望〉

極目兮長望，白雲四茫茫；鴟鴉飽腲腇，鸞鳳饑彷徨。
駿馬放石磧，蹇驢能至堂；天高不可問，鷦鳩在滄浪。

其三、〈富貴疏親聚〉

富貴疏親聚，只為多錢米；貧賤骨肉離，非關少兄弟。
急須歸去來，招賢閣未啟；浪行朱雀街，踏破皮鞋底。

寒山感嘆自己不被理解，如同忍饑挨餓的「鸞鳳」、被禁錮的「駿馬」，因為貧賤而骨肉分離；他只能告別父兄妻子，去尋求新的出路。在當時，這並非漫無目的的漂泊。唐朝周邊，突厥、吐蕃、回鶻等國環伺而立，除了部署守備和兵力與之對峙防守以外，兩國的經濟貿易、資訊交流等外交事宜，還需要邊將的配合，邊將們則需要大量科舉不第或銓選落敗的士人擔任幕僚；唐代不第舉子在各地尋找這種工作機會的情況，稱為「漫遊」、「壯遊」。寒山這段顛簸流浪的生活，是從三十歲開始的，寒山子〈出生三十年〉詩云：

出生三十年，嘗遊千萬里；行江青草合，入塞紅塵起。

煉藥空求仙，讀書兼詠史；今日歸寒山，枕流兼洗耳。

這一年是至德元年（西元七五六年），正值安史之亂。安祿山是混血胡人，生性狡詐，善於逢迎，得到唐玄宗和楊貴妃的歡心，身兼三鎮節度使，成為當時勢力最大的割據軍閥。天寶十四年十一月，安祿山串通部將史思明，以討伐楊國忠為名，自范陽率兵十五萬南下反唐，爆發了「安史之亂」。當時，海內承平日久，百姓多年未見戰亂，遠近震駭，叛軍所向披靡。天寶十五年（西元七五六年）六月，安祿山破潼關，準備西進奪取長安。這種緊張局勢，也是促使寒山遠走他鄉的主要原因之一。

前文提到的寒山子〈元非隱逸士〉詩中有「仕魯蒙幘帛」，寒山曾經到魯地出仕，這是現存寒山詩集中唯一關於出仕的記錄。比起戴幘帛出入官府，寒山子更愛裹疏巾的自在，他用「獼猴罩帽子，學人避風塵」來形容這種尷尬處境。除了魯地之外，寒山還到過湖北荊州，前述寒山子〈少年學書劍〉詩中有「叱馭到荊州」。寒山子〈憶昔遇逢處〉詩云：

憶昔遇逢處，人間逐勝遊；樂山登萬仞，愛水泛千舟。
送客琵琶谷，攜琴鸚鵡洲；焉知松樹下，抱膝冷颼颼。

這首詩也能夠證明寒山到過湖北。詩中的「鸚鵡洲」，是武昌西南長江中的一個小洲，東漢禰衡（西元一七三至一九八年）曾於此作〈鸚鵡賦〉。

天台耕讀

經過數年的漂泊生活，寒山選擇天台作為歸宿，在上述寒山子〈出生三十年〉詩中，有「今日歸寒山，枕流兼洗耳」，「枕流」、「洗耳」的典故指隱居不仕。這首詩中的「煉藥空求仙，讀書兼詠史」，表明了寒山追求隱居讀書、煉藥求仙的願望。寒山子〈家住綠岩下〉詩云：

家住綠岩下，庭蕪更不芟；新藤垂繚繞，古石豎巉岩。
山果獮猴摘，池魚白鷺銜。仙書一兩卷，樹下讀喃喃。

這首詩詳細記述了寒山在天台山的求仙與讀書的生活；不僅如此，寒山還在此重新建立了家庭。寒山子〈茅棟野人居〉詩云：

茅棟野人居，門前車馬疏；林幽偏聚鳥，溪闊本藏魚。
山果攜兒摘，皐田共婦鋤；家中何所有，唯有一床書。

前述寒山子〈少小帶經鋤〉中，有「緣遭他輩責，剩被自妻疏」：科考屢次不第的寒山，不僅受到親朋的指責，還遭到自己髮妻的疏遠。這首〈茅棟野人居〉詩中，「皐田共婦鋤」的「婦」，不是疏遠寒山的咸陽髮妻，是寒山隱居天台後再婚妻子；妻子為寒山生了兒子，他們「山果攜兒摘」，過著其樂融融的農耕生活。寒山子〈田家避暑月〉詩云：

田家避暑月，鬥酒共誰歡；雜雜排山果，疏疏圍酒樽。
蘆莦將代席，蕉葉且充盤。醉後搘頤坐，須彌小彈丸。

寒山在天台山再婚並且育有後代。前述寒山子〈父母續經多〉詩中，有「婦搖機軋軋，兒弄口嗰嗰」，在妻子兒女的陪伴下，過著男耕女織、晴耕雨讀的生活。這段耕讀期間，寒山由儒轉道，煉藥求仙，攻讀黃老的著作，尋求長生不老之道。寒山活了一百餘歲，不能說與其隱居求仙的生活沒有關係。寒山子〈欲得安身處〉詩云：

欲得安身處，寒山可長保；
微風吹幽松，近聽聲愈好。
下有斑白人，喃喃讀黃老；
十年歸不得，忘卻來時道。

寒山的這首自敘詩中，說苦讀黃老十年，雙鬢斑白，忘卻了來時的道路。但是，寒山心裡並沒有忘記遠在咸京的親人們。寒山到天台的最初幾年，追求功名的執念逐漸淡漠了；對留在故鄉的髮妻和天各一方兄弟的思念，卻無法釋懷。另外，寒山生長在黃土高原的渭河河畔，適應內陸的乾爽氣候；而位於浙東的天台雖然是魚米之鄉，但潮濕悶熱的氣候，很難讓來自內陸高原的人適應，這也是寒山抱有鄉愁的原因之一。寒山子在以下三首詩中，抒發了對遠方親人們的思念，以及無名的鄉愁——

其一、〈垂柳暗如煙〉

垂柳暗如煙，飛花飄似霰；夫居離婦州，婦住思夫縣。

各在天一涯，何時得相見。寄語明月樓，莫貯雙飛燕。

其二、〈昨夜夢還家〉

昨夜夢還家，見婦機中織；駐梭如有思，擎梭似無力。

呼之回面視，況復不相識；應是別多年，鬢毛非舊色。

其三、〈之子何惶惶〉

之子何惶惶，卜居須自審；南方瘴癘多，北地風霜甚。

荒陬不可居，毒川難可飲；魂兮歸去來，食我家園葚。

寒山身居天台山，始終無法割捨對故鄉的眷戀、對親人的牽掛。甚至有人根據寒山子詩〈昔日經行處〉認為，他在七十多歲時，一度短期返回故鄉咸陽。寒山子詩〈昔日經行處〉云：

昔日經行處，今復七十年；故人無來往，埋在古塚間。
余今頭已白，猶守片雲山；為報後來子，何不讀古言。

寒山回到闊別四十年的咸陽，已經是白髮蒼蒼的七旬老翁。此時的咸陽，應該早已擺脫戰亂，恢復了昔日的繁華，不再是寒山背井離鄉時的殘敗景象。然而，寒山已經看不到故人的身影；他在一座座古墳間，悼念逝去的親人們，感慨世間無常。不過，天台山到咸陽的直線距離為兩千二百公里，往返萬餘里的遙遠路程，對年逾古稀的老人來說絕非易事，這應該是寒山在想像中的一次神遊。

寒山苦讀黃老十年，煉藥求仙，尋求長生不老之道。十年後，他開始認識到，修道不能真正解決生死問題，不能讓自己真正得到精神上的解脫。以下三首寒山子詩，反映出寒山最終對通過修道來求得長生失去了信心——

其一、〈山客心悄悄〉

山客心悄悄，常嗟歲序遷；辛勤采芝術，搜斥詎成仙。

其二、〈徒閉蓬門坐〉

徒閉蓬門坐，頻經石火遷；唯聞人作鬼，不見鶴成仙。
念此那堪說，隨緣須自憐；回瞻郊郭外，古墓犁為田。

其三、〈人生在塵蒙〉

人生在塵蒙，恰似盆中蟲；終日行繞繞，不離其盆中。
神仙不可得，煩惱計無窮；歲月如流水，須臾作老翁。

這三首寒山子詩，充分說明寒山開始認識到采芝之術不能成仙，修道不能消除煩惱解決生死問題、讓自己真正得到精神上的解脫。因此，寒山修道求長生的努力就此結束。

隱居寒岩

在天台山生活多年的寒山，先是苦讀黃老著作，尋求長生仙術；此後則隱居寒岩，轉向尋求解脫之道的佛教。從當時天台山的佛教文化氛圍來看，這是自然而然的事情。寒山子的以下三首詩，描述了寒山由修仙煉丹轉入修習佛法的過程——

其一、〈久住寒山凡幾秋〉

久住寒山凡幾秋，獨吟歌曲絕無憂；
蓬扉不掩常幽寂，泉湧甘漿長自流。
石室地爐砂鼎沸，松黃柏茗乳香甌；
饑餐一粒伽陀藥，心地調和倚石頭。

其二〈一入雙溪不計春〉

一入雙溪不計春，煉曝黃精幾許斤；
爐灶石鍋頻煮沸，土甑久蒸氣味珍。
誰來幽谷餐仙食，獨向雲泉更勿人。
延齡壽盡招手石，此棲終不出山門。

其三、〈自從出家後〉

自從出家後，漸得養生趣；
伸縮四肢全，勤聽六根具。
褐衣隨春冬，糲食供朝暮；
今日懇懇修，願與佛相遇。

後一首詩中的「褐衣」，是貧苦人或地位卑微人的穿著，長不過膝，不是出家人的衣著打扮。因此，詩中的「出家」，並非出家為僧，遁入空門，而是離開晴耕雨讀的家，全身心去尋求解脫之道；在這種實踐中，寒山體悟到了其中的樂趣。寒山的樂趣並沒有停留於求仙養生，而是日日精進修行，期望與佛相遇。寒山在寒岩隱居，自得其樂。寒山子〈棲遲寒岩下〉詩云：

棲遲寒岩下，偏訝最幽奇；
攜籃采山茹，挈籠摘果歸。
蔬齋敷茅坐，啜啄食紫芝；

清沼濯瓢鉢，雜和煮稠稀。
當陽擁裘坐，閑讀古人詩。

這首詩也能夠證明，寒山在寒岩過的是自給自足的隱居生活，不是在國清寺或其他寺院過僧團生活。這種生活，大致從七十歲開始，至少持續了三十年以上。寒山子〈一向寒山坐〉詩云：

一向寒山坐，淹留三十年；
昨來訪親友，太半入黃泉。
漸減如殘燭，長流似逝川；
今朝對孤影，不覺淚雙懸。

寒山在寒岩一住三十多年，打坐學佛，往來於天台山國清寺，與國清寺僧人至少有二十餘年的交往。寒山子〈憶得二十年〉詩云：

憶得二十年，徐步國清歸；
國清寺中人，盡道寒山癡。

癡人何用疑，疑不解尋思；
我尚自不識，是伊爭得知；
低頭不用問，問得復何為。
有人來罵我，分明了了知；
雖然不應對，卻是得便宜。

寒山與天台山國清寺僧二十餘年的交往中，交結了豐干、拾得等朋友。他經常徐步至國清寺，去吃殘羹剩飯，找拾得瘋言瘋語；披髮赤足，放浪形骸，打破了色身羈絆，其詩歌也變得高遠空靈、心如秋月。以下三首寒山子詩，反映出其心境及形貌——

其一、〈吾心似秋月〉
吾心似秋月，碧潭清皎潔；
無物堪比倫，教我如何說。

其二、〈時人見寒山〉

時人見寒山，各謂是風顛；
貌不起人目，身唯布裘纏。
我語他不會，他語我不言。
為報往來者，可來向寒山。

其三、〈寒山出此語〉

寒山出此語，此語無人信；
蜜甜足人嘗，黃蘗苦難近。
順情生喜悅，逆意多瞋恨；
但看木傀儡，弄了一場困。

此時，來自內陸黃土高原的寒山，早已適應了浙東天台潮濕悶熱的氣候，已經把天台、寒岩視為自己的家。寒山子〈余家本住在天台〉詩云：

余家本住在天台，雲路煙深絕客來；
千仞岩巒深可遁，萬重谿澗石樓臺。

樺巾木屐沿流步，布裘藜杖繞山回；
自覺浮生幻化事，逍遙快樂實善哉。

寒山子〈我家本住在寒山〉詩云：

我家本住在寒山，石岩棲息離煩緣；
泯時萬象無痕跡，舒處周流遍大千。
光影騰輝照心地，無有一法當現前；
方知摩尼一顆珠，解用無方處處圓。

寒岩是天台第一大洞，冬暖夏涼，洞口兩側有奇岩「上山龜」和「出洞蛇」，稱「玄武守門」。洞左峭崖壁立，有瀑布飛灑；夕陽映照，色彩絢麗多姿，名「寒岩夕照」。附近有鵲橋，高數十公尺、長數公尺，其造型狀似石梁，下乏流泉，故又稱「旱石梁」。

上述寒山子〈棲遲寒岩下〉詩中，寒山特別稱讚了寒岩的「幽奇」。寒山子在以下四首詩中，則讚美寒岩，並描述了其隱居修行生活——

其一、〈寒山無漏岩〉

寒山無漏岩，其岩甚濟要；
八風吹不動，萬古人傳妙。
寂寂好安居，空空離譏誚；
孤月夜長明，圓日常來照。
虎丘兼虎溪，不用相呼召；
世間有王傅，莫把同周邵。
我自遁寒岩，快活長歌笑。

其二、〈寒岩深更好〉

寒岩深更好，無人行此道；
白雲高岫閑，青嶂孤猿嘯。
我更何所親，暢志自宜老。
形容寒暑遷，心珠甚可保。

其三、〈寒山唯白雲〉

寒山唯白雲，寂寂絕埃塵；
草座山家有，孤燈明月輪。
石床臨碧沼，虎鹿每為鄰。
自羨幽居樂，長為象外人。

其四、〈粵自居寒山〉

粵自居寒山，曾經幾萬載；
任運遁林泉，棲遲觀自在。
寒岩人不到，白雲常靉靆；
細草作臥褥，青天為被蓋；
快活枕石頭，天地任變改。

除了寒岩，明岩也是寒山修行隱居之處。明岩與寒岩相背而處，倚山臨溪，峽谷深邃。山谷盡處，石柱岩異峰獨起，四面凌空，直衝天際；頂上雜樹叢生，藤蘿遍繞，名「螳螂釣蟾」。其旁有著名的「五馬隱」，棕黑色的馬影，頗似一幅絕妙水墨畫。寒山子詩中的「重岩」、「東岩」等，指的便是明岩。以下四首詩中提及明岩——

其一、〈重岩中〉

重岩中，足清風；扇不搖，涼冷通。
明月照，白雲籠；獨自坐，一老翁。

其二、〈重岩我卜居〉

重岩我卜居，鳥道絕人跡；
庭際何所有，白雲抱幽石。
住茲凡幾年，屢見春冬易。
寄語鐘鼎家，虛名定無益。

其三、〈獨臥重岩下〉

獨臥重岩下，蒸雲晝不消；

室中雖暡靉，心裡絕喧嚣。
夢去游金闕，魂歸度石橋。
抛除鬧我者，歷歷樹間瓢。

其四、〈欲向東岩去〉
欲向東岩去，於今無量年；
昨來攀葛上，半路困風煙。
徑窄衣難進，苔粘履不前。
住茲丹桂下，且枕白雲眠。

寒山隱居寒岩、明岩學佛後的詩中，出現了佛教用語；比如，在〈寒山無漏岩〉中，稱寒岩為「無漏岩」。無漏，源自梵語 Anāsrava；漏者，煩惱之異名，漏泄之義；貪瞋等煩惱，日夜由眼耳等六根門漏泄流注不止，謂之漏。在〈我家本住在寒山〉詩中，有「方知摩尼一顆珠」；摩尼，源自梵語 maṇi，又作末尼，意譯作珠、寶珠，為珠玉之總稱。寒山子〈昔年曾到大海遊〉詩云：

昔年曾到大海遊，為採摩尼誓懇求；
直到龍宮深密處，金關鎖斷主神愁。
龍王守護安耳裡，劍客星揮無處搜。
賈客卻歸門內去，明珠元在我心頭。

這首到龍宮採摩尼珠的詩，是依據《大方便佛報恩經》寫成的，此經中有「世間求利，莫先入海採取妙寶；若得摩尼寶珠者，便能稱意給足一切眾生。」《大乘大悲芬陀利經》說摩尼珠是菩薩舍利，「若諸菩薩命終之時，結跏趺坐，入於火定，自燒其身，燒其身已；四方清風來吹其身，舍利散在諸方無佛世界，尋時變作摩尼寶珠，如轉輪聖王所有寶珠。」

摩尼寶珠具有不可思議的神奇力量，深受寒山子影響的拾得，其詩中也有「真珠」、「珠光」、「水精」、「摩尼珠」、「驪珠」、「神珠」等詞語，用來表現對佛性的體會。拾得〈無去無來本湛然〉詩云：

無去無來本湛然，不居內外及中間；

一顆水精絕瑕翳，光明透滿出人天。

這首詩充分體現了寒山、拾得對生命本質透徹真切的體悟，有了這種體悟，心就會像一顆絕瑕無翳的水晶，透出光明，灑滿人間，使山河大地為之湛然澄澈。

寒山的交遊

寒山子原為咸京的富家子弟，為了科舉出仕光宗耀祖而飽讀詩書。因為科考不順，加上戰亂等原因，離別故土，隱姓埋名，到天台山避世，最終到寒岩、明岩隱居，並歿於此地。在現存的寒山詩中，寒山的交遊，只有國清寺的僧人豐干和拾得，僧傳等文獻中記載，趙州從諗、靈祐、徐凝等人，也和寒山打過交道。

豐干

前文分析了台州刺史閭丘胤所作的〈寒山子詩集序〉，序中有：

> 胤便禮拜，二人連聲喝胤，自相把手，呵呵大笑叫喚。乃云：「豐干饒舌饒舌，彌陁（陀）不識，禮我何為？」

閭丘胤的序中還有「寒山文殊，遯跡國清；拾得普賢，狀如貧子」、「稽首文殊，寒山之士；南無普賢，拾得定是」，這是豐干彌陀、寒山文殊、拾得普賢「三隱」說的源頭。豐干是天台國清寺禪師，是非常有地位的和尚，很受寺裡僧眾尊重。由寒山、拾得、豐干的內證詩，可以確認這三人為莫逆之交。

寒山子〈慣居幽隱處〉詩云：

> 慣居幽隱處，咋向國清中；時訪豐干道，仍來看拾公。
> 獨回上寒岩，無人話合同。尋究無源水，源窮水不窮。

寒山時常來國清寺拜訪豐干、拾得。這首詩中的「豐干道」，除了《天祿》

宋本《四庫叢刊》景宋本之外，其他版本都是「豐干老」。寒山在詩中稱豐干為「豐干老」，稱拾得為「拾公」，而拾得稱寒山為兄。拾得〈從來是拾得〉詩云：

從來是拾得，不是偶然稱；別無親眷屬，寒山是我兄。
兩人心相似，誰能徇俗情；若問年多少，黃河幾度清。

由此可知，三人的年紀由高至低的順序是豐干、寒山、拾得。豐干、拾得的詩中也提及三人的交往，豐干的詩中有「寒山特相訪，拾得常往來」。拾得〈寒山住寒山〉詩云：

寒山住寒山，拾得自拾得；凡愚豈見知，豐干卻相識。
見時不可見，覓時何處覓；借問有何緣，向道無為力。

《四庫叢刊》景宋本〈寒山子詩〉中有〈豐干禪師錄〉，全文如下：

道者豐干，未窮根裔，古老見之，居於天台山國清寺。翦發齊眉，毳裘擁質，緇素問鞠，乃云：「隨時。」貌悴昂藏，恢端七尺，唯攻舂米供僧；夜則扃房，吟詠自樂。郡縣諳知，咸謂風僧，或發一言，異於常流。忽爾一日，騎虎松徑，來入國清；巡廊唱道，眾皆驚訝，怕懼惶然，並欽其德。昔京輦與胤救疾，到任丹丘，跡無追訪，賢人隱遯，示化東甌，唯於房中壁上書曰：

余自來天台，凡經幾萬回；一身如雲水，悠悠任去來。
逍遙絕無鬧，忘機隆佛道；世途岐路心，眾生多煩惱。
兀兀沉浪海，漂漂輪三界；可惜一靈物，無始被境埋。
電光瞥然起，生死紛塵埃。寒山特相訪，拾得常往來；
論心話明月，太虛廓無礙。法界即無邊，一法普遍該；
本來無一物，亦無塵可拂。若能了達此，不用坐兀兀。

豐干書於房中壁上的詩，一偈一詩共二首，永樂大典本〈寒山詩集〉將這兩首詩分成五言四句共六首。豐干「吟詠自樂」，在房中牆壁上題詩，寒山在岩石樹葉上題詩，拾得在土地堂牆壁上題詩。〈全唐詩〉中有大量題壁詩，壁上題詩是唐朝詩人的普通行為。

由前文可知，豐干禪師年長於寒山，是寒山的良師益友、人生導師。在豐干禪師深厚的佛學涵養及文學造詣的薰陶下，寒山在晚年皈依佛門，留下了數百首佛教色彩濃厚的詩歌作品。

拾得

有關拾得的史料，《四庫叢刊》景宋本〈寒山子詩〉中有〈拾得錄〉，全文如下：

豐干禪師、寒山、拾得者，在唐太宗貞觀年中，相次垂跡于國清寺。拾得者，豐干禪師因游松徑，徐步于赤城道路側，偶而聞啼，乃尋其由，見一子，可年十歲。初謂彼村牧牛之子，委問逗遛，云：「我無舍無姓。」遂引至寺，付庫院，候人來認。數旬之間，絕其親鞠。乃令事知庫僧靈熠，經於三祀，頗會人言，令知食堂香燈供養。

忽於一日，與像對坐，佛盤同餐。復於聖僧前云：「小果之位。」喃喃呵俚，而言傷哉。熠謂老宿等：「此子心風，無令下供養。」乃令廚內洗濾器物。每澄食滓，而以筒盛；寒山子來，負之而去。或發一言：「我有一珠，埋在陰中，無人別者。」眾謂癡子。

寺內山王，僧常參奉，及下供養香燈等務，食物多被烏所耗。忽一夜，僧眾同夢見山王云：「拾得打我，慎云：汝是神道，守護伽藍，更受沙門參奉供養，既有靈驗，何以食被烏殘？今後不要僧參奉供養。」至旦，僧眾上堂，各說所夢，皆無一差，靈熠亦然，喧喧未止。熠下供養，忽見山王身上而有杖痕所損。熠乃報眾，眾皆奔看，各云夜夢斯事，乃知拾得不是凡間之子。一寺紛紜，具狀申州報縣。符下：「賢士遯跡，菩薩化身，宜令號為拾得賢士。」自此後常使淨人直香火供養。

又于莊頭牧牛，歌詠叫天。又因半月布薩，眾僧說戒，法事合時，拾得驅牛至堂前，倚門而立，撫掌微笑曰：「悠悠哉，聚頭作相，這個如何？」老宿律德怒而呵云：「下人風狂，破於說戒。」拾得笑而言曰：「無瞋卻是戒，心淨即出家；我性與汝合，一切法無差。」

尊宿出堂打趂拾得，令驅牛出去。拾得言：「我不放牛也，此群牛皆是前生大德知事人，咸有法號，喚者皆認。」時拾得一一喚牛云：「前生律師弘靖出。」時一白牛作聲而過，又喚：「前生典座光超出。」時一黑牛作聲而過，又喚：「直歲靖本出。」時一牯牛作聲而出，又喚云：「前生知事法忠出。」時一牯牛作聲而出，乃獨牽謂牛曰：「前生不持戒，人面而畜心；汝今招此咎，怨恨於何人。佛力雖然大，汝辜於佛恩。」大眾驚訝忙然，因茲又報州縣。使令入州，不赴召命，盡代人仰，因此顯現。寺眾傍徨，咸歎菩薩來于人世，聊纂實錄，貴不墜爾。兼於土地堂壁上書語數聯，貴示後人。乃集語曰：

東洋海水清，水清復見底；
靈源湧法泉，斫水無刀痕。
我見頑嚚士，燈心柱須彌；

寸樵煮大海，甲抹大地石。
烝砂豈成飯，磨甎將作鏡；
說食終不飽，直須著力行。
恢恢大丈夫，堂堂六尺士；
枉死埋塚間，可惜孤標物。
不見日光明，照耀於天下；
太清廓落洞，明月可然貴。
餘本住無方，盤泊無為理；
時陟涅槃山，徐步香林裡。
左手握驪珠，右手執摩尼；
莫耶未足刃，智劍斬六賊。
般若酒清冷，飲啄澄神思；
餘閒來天台，尋人人不至，

寒山同為侶，松風水月間；
何事最幽邃，唯有遯居人。
悠悠三界主，古佛路棲棲；
無人行至此，今跡誰不躡，
旋機滯凡累。
可畏生死輪，輪之未曾息；
嗟彼六趣中，茫茫諸迷子。
人懷天真佛，大寶心珠祕；
迷盲沉沉流，汩沒何時出。

拾得自閭丘太守拜後，同寒山子把手走出寺，跡隱。後因國清僧登南峰采薪，遇一僧似梵儀，持錫入岩，挑鎖子骨而去，乃謂僧曰：「取拾得舍利。」僧遂白寺眾，眾方委拾得在此岩入滅。乃號馬拾得岩，在寺東南隅，登山二里餘地。聊錄如前，貴示後人矣。

由這篇〈拾得錄〉可知，無家無姓的拾得，在十歲時，由豐干從赤城路邊領到國清寺，因此取名「拾得」。因為沒有人來認領，便讓他跟隨知庫僧靈熠負責食堂香燈供養，後來又讓他在廚內洗濾器物。寒山與拾得結識後，經常來國清寺看望拾得，兩人意氣相投，因而成為莫逆之交。拾得「每澄食滓，而以筒盛，寒山子來，負之而去。」拾得也屢次去寒岩拜訪寒山。拾得〈閑入天台洞〉詩云：

閑入天台洞，訪人人不知；寒山為伴侶，松下噉靈芝。
每談今古事，嗟見世愚癡；個個入地獄，早晚出頭時。

拾得稱寒山為兄長，二人行事落拓不羈，常有驚人之語。起初，寺僧認為是瘋言瘋語；至眾僧夢見拾得杖責山王等靈驗事情發生後，才知道拾得不是凡間之子，而是菩薩化身。

趙州從諗

《宋高僧傳．卷十一．唐趙州東院從諗傳》記載：

釋從諗，青州臨淄人也。童稚之歲孤介弗群，越二親之羈絆，超然離俗，乃投本州龍興伽藍從師剪落。尋往嵩山琉璃壇納戒，師勉之聽習於經律，但染指而已。聞池陽願禪師道化翕如，諗執心定志鑽仰忘疲，南泉密付授之，滅跡匿端，坦然安樂；後於趙郡開物化迷，大行禪道。以真定帥王氏阻兵封疆多梗，朝廷患之；王氏抗拒過制，而偏歸心於諗。諗嘗寄塵拂上王氏曰：王若問何處得此拂子，答道老僧平生用不盡者物，凡所舉揚，天下傳之，號趙州去道。語錄大行，為世所貴也。

趙州從諗禪師（西元七七八至八九七年），是禪宗史上一位震古鑠今的大師，以其證悟淵深、年高德劭而享譽當時的南北禪林，有「南有雪峰，北有趙州」之說，又有「趙州眼光爍破四天下」的美譽。其「吃茶去」、「洗鉢去」、「庭前柏樹子」等充滿生活氣息的禪法風格，更是影響至今、千年不絕。

趙州從諗生於唐大曆十三年，昭宗乾寧四年時寂，年一百二十。受法於南泉普願禪師（西元七四八至八三四年），諡真際禪師，世稱為「趙州古佛」。趙州十八歲出家，八十歲仍四處行腳，參訪過六祖惠能（西元六三八至七一三年）門下的青原行思（西元六七一至七四〇年）和南嶽懷讓（西元六七七至七四四年），以及神秀（西元六〇六至七〇六年）門人等高僧大德。〈趙州真際禪師語錄〉記載了趙州從諗禪師游天台遇見寒山、拾得的情形：

師因到天台國清寺，見寒山、拾得。師云：「久向寒山、拾得，到來只見兩頭水牯牛。」寒山拾得便作牛鬥。師云：「叱叱。」寒山、拾得咬齒相看。師便歸堂，二人來堂內問師：「適來因緣作麼生？」師乃呵呵大笑。

這則公案甚有情致。趙州見寒山、拾得，以「水牯牛」呼之。唯知道者，方能以「不名」為名，而不拘常名，寒山、拾得隨即以牛鬥狀應之。趙州作牧牛狀，以「叱叱」呼喚之，而寒山拾得以「咬齒」作不馴服狀，天性自然，不受人馴也。後問：「適來因緣作麼生？」趙州呵呵大笑，此皆彼此意會，何須他人言也，亦不足為他人道也。

〈趙州真際禪師語錄〉記載，趙州從諗禪師還輾轉參訪過百丈懷海（西元七二〇至八一四年）。百丈懷海卒於元和九年（西元八一四年），趙州從諗禪師出生於大曆十三年（西元七七八年）；因此，趙州最遲是在三十七歲以前參訪百丈懷海。《五燈會元．卷二》記載：

> 天台山寒山子，因眾僧炙茄次，將茄串向一僧背上打一下。僧回首，山呈起茄串曰：「是甚麼？」僧曰：「這風顛漢！」山向傍僧曰：「你道這僧費卻我多少鹽醋？」因趙州游天台，路次相逢。山見牛跡，問州曰：「上座還識牛麼？」州曰：「不識。」山指牛跡曰：「此是五百羅漢游山。」州曰：「既是羅漢，為甚麼卻作牛去？」山曰：「蒼天、蒼天！」州呵呵大笑。山曰：「作甚麼？」州曰：「蒼天、蒼天！」山曰：「這廝兒宛有大人之作。」

從寒山說「這廝兒宛有大人之作」的口氣來看，顯然兩人的年齡相差很大；被稱為「這廝兒」的趙州從諗，應該在弱冠之年的二十歲前後。以從諗的生年（西元七七八年）推算，寒山遇見從諗應該是貞元十四年（西元七九八年）前後。

溈山靈祐

溈山靈祐（西元七七一至八五三年）是溈仰宗初祖，福州長溪（福建霞浦縣南）人，俗姓趙，法名靈祐。十五歲隨建善寺法常（又稱法恒）律師出家，於杭州龍興寺受具足戒。《宋高僧傳》記載：

> 冠年剃髮，三年具戒。時有錢塘上士義賓，授其律科。及入天台，遇寒山子於途中。乃謂佑曰：「千山萬水，遇潭即止；獲無價寶，賑恤諸子。」祐順途而念，危坐以思。旋造國清寺，遇異人拾得。申系前意，信若合符，遂詣

溈潭謁大智師，頓了祖意。〔中略〕以大中癸酉歲正月九日，盥漱畢，敷座瞑目而歸滅焉。享年八十三，僧臘五十九。

靈祐「冠年剃髮，三年具戒」，應該是在二十三歲時，入天台遇見寒山、拾得。靈祐出生於西元七七一年，應該是於貞元九年（西元七九三年）遇見寒山、拾得。寒山指示靈祐，去溈潭參訪「大智師」，大智師即百丈懷海。懷海世壽六十六歲，唐穆宗長慶元年（西元八二一年），敕謚大智禪師。

徐凝

《唐才子傳．卷六》記載：

徐凝，睦州人。元和間，有詩名。方幹師事之，與施肩吾同裡閈。日親聲調，無進取之意，交眷悉激勉，始游長安，不忍自衒鬻，竟不成名。將歸，以詩辭韓吏部云：「一生所遇惟元白，天下無人重布衣；欲別朱門淚先盡，白頭遊子白身歸。」知者憐之。遂歸舊隱，潛心詩酒。人間榮耀，徐山人不復貯齒頰中也。老病且貧，意泊無惱，優悠自終。集一卷，今傳。

徐凝有〈寄白司馬〉詩：

三條九陌花時節，萬戶千車看牡丹；爭遣江州白司馬，五年風景憶長安。

由這首詩可以確認，徐凝和白居易（西元七七二至八四六年）頗有交往，白居易以「江州司馬」聞名於世。白居易拜訪過徐凝，有〈憑李睦州訪徐凝山人〉詩：

郡守輕詩客，鄉人薄釣翁；

解憐徐處士，唯有李郎中。

白居易在詩中稱徐凝為「徐處士」，處士是指在家沒有出來做官的人。徐凝有兩首與天台寒岩有關的詩——

其一、〈送寒岩歸士〉

不掛絲纊衣，歸向寒岩棲；

寒岩風雪夜，又過岩前溪。

其二、〈天台獨夜〉

銀地秋月色，石梁夜溪聲；

誰知屐齒盡，為破煙苔行。

詩中提到的「天台」、「石梁」、「寒岩」、「岩前溪」，顯然是指寒山的隱居地「寒岩」。徐凝的這兩首詩，最早作於白居易任杭州刺史時的長慶年間（西元八二一至八二四年）；由此也可以證明，穆宗長慶年間，寒山仍在天台活動。

寒山的入滅地

關於寒山的入滅，閭丘胤的〈序〉中記載：

胤乃歸郡。遂制淨衣二對香藥等，特送供養。時二人更不返寺，使乃就岩送上。而見寒山子，乃高聲唱曰：「賊、賊！」退入岩穴。乃云報汝諸人，各各努力，入穴而去，其穴自合，莫可追之。

寒山入穴而去，其穴自合，《宋高僧傳》、《景德傳燈錄》、《天台山國清禪寺三隱集記》等文獻沿襲了此說，影響極大，常見於民間傳說及文人題詠。寒山的入滅方式，與佛陀的大弟子摩訶迦葉入定時的情景相同。《大智度論》記載，摩訶迦葉於耆闍崛山頭，與衣鉢俱，作是願言：

令我身不壞，彌勒成佛，我骨身還出，以此因緣度眾生。如是思惟已，直入耆闍崛山石頭中，如入軟泥；入已，山還合。

寒山的入穴自合，與摩訶迦葉的入山還合，具有內在思想與外在行為上的一致性，二者都是選擇入山作為與世隔絕的途徑。從傳承上來講，雖然沒有確切的證據說閭丘胤〈寒山子詩集序〉中所寫的寒山子入滅來自佛經中的記載，但從佛經的流傳情況來看，記載摩訶迦葉入定故事的《大智度論》、《法苑珠林》、《阿育王傳》、《阿育王經》等，都是在中土流傳甚廣的佛教經典；尤其是摩訶迦葉作為佛的大弟子，「世尊拈花，迦葉微笑」的故事在中土廣為流傳，被認定為禪宗的起源。

杜光庭《仙傳拾遺》中，沒有佛教典籍中記載的「入穴而去，其穴自合」，只是說寒山子「十餘年忽不復見」，這應該是比較貼近事實的敘述。寒山隱居天台，至垂暮之年，沒有離開過天台；他先居寒岩，後還入明岩，其人生終結於寒石山的明岩，墓地也應該在寒石山。根據《天台山方外志》記載：

寒山塔，在寒岩寺右洞側；寒山入滅，有梵僧仗錫黃金鎖子骨。或問，對曰：「吾拾菩薩舍利歸西天耳。」

因為有墓塔遺址，這或許可以證明寒山子的墓址在寒石山明岩洞側的象峰頂。象峰頂上的「朝陽洞」前有座古塚，上有小塔，塔上有「雍正」字樣，其餘的字跡不清。根據當地居民的傳說，這座古塚稱為「老佛墳」，「老」字或許與寒山子百餘歲高齡去世有關，很有可能正是寒山子的墓。還有傳說農曆九月十七日是寒山入滅日，每年進行祭祀活動。

影響

壹・寒山子的思想

其詩有工語，有率語，有莊語，有諧語。……今觀所作，皆信手拈弄，全作禪門偈語，不可復以詩格繩之。

寒山子的一生大致分為三個階段，即儒生期、黃老期、入佛期；隨著身分的變化，志趣也發生了轉變，因此其生命和精神歷程格外豐富多彩。寒山詩的內容也是如此，儒釋道思想融匯其中，正如《四庫全書提要》所說：

其詩有工語，有率語，有莊語，有諧語。至云「不煩鄭氏箋，豈用毛公解」，又似儒生語，大抵佛語、菩薩語也。今觀所作，皆信手拈弄，全作禪門偈語，不可復以詩格繩之。

寒山詩最突出的特徵是佛教思想。曹山本寂禪師注寒山詩時，便注意到了寒山詩「多言佛理，足為彼教張目」的特點。此外，寒山詩集中，大量作品表現出隱逸思想、道家思想和神仙思想，儒家思想在詩集中也有反映，有不少佛教思想與隱逸思想、道家思想混合的詩歌作品。

寒山子的儒家思想

寒山子的三百餘首詩歌，融匯了儒釋道三大哲學體系，是其百餘年生活經歷的真實記錄，也是他由儒入道、由道入佛、由佛入禪，這一心路歷程的形象反映。

寒山子近三十首自敘詩和五十多首反映唐代社會生活的風俗詩，大都有儒家思想的烙印。寒山子的自敘詩，主要敘述自身經歷，感嘆仕路坎坷、功名無望，撫今追昔，思鄉念家，從中可以瞭解其身世及精神面貌。寒山子的風俗詩，有對社會現實的諷刺與批判，有倫理道德的正面規勸，具有強烈的社會氣息和深刻的生活哲理，是一介儒生在歸隱修道之前對社會與人生的認識和理解，這些詩歌大都打上了儒家思想的烙印。

寒山子生在唐代開元天寶盛世首都長安近郊的富裕家庭，少年時代便深受孔子「學而優則仕」思想的影響，「博覽諸經史」、「學文兼學武，學武兼學文」，希望科舉入仕，「遇聖明君」，建功立業。為了走上仕途，寒山子多次參加科舉考試，按照唐代科舉錄人的標準，他的書法、文理、言辭都很優秀，僅僅因為體貌不夠「豐偉」未被錄取；但是他並不灰心，希望能碰上運氣，僥倖成功。

只是，十幾年過去了，他入仕無門，不但受到親戚的責備，還受到妻子的數落和冷眼，成了科舉選官制度的犧牲品。寒山子開始厭倦世俗生活，希望離開趨炎附勢的人群離家出走；但仍不忘讀書，還對科舉入仕抱有幻想。在〈贈蹬諸貧士〉一詩中，寒山子唱道：

蹭蹬諸貧士，饑寒成至極；
閒居好作詩，劄劄用心力。

賤他言孰采，勸君休嘆息；
題安糊餅上，乞狗也不吃。

唐代科舉自高宗以後，進士科加試限韻作詩賦，尤其是五七言格律詩；因此，寒山子即使離家索居，在極端困苦的情況下，仍然翁翁用心力地作詩吟賦。但是，無論他如何努力，都不得進士及第。到老年時，戶籍上登記的仍然是沒有官職的白丁。寒山子〈徒勞說三史〉詩云：

徒勞說三史，浪自看五經；
泊老檢黃籍，依前注白丁。
筮遭連蹇卦，生主虛危星；
不及河邊樹，年年一度青。

面對求之不得的出仕夢想的破滅，寒山子只能怨自己占卜遇到「連蹇卦」，命主「虛危星」。《易經》六十四卦裡的「蹇卦」是「下艮上坎」，艮為山，坎為水，山阻水險，水流不暢，故為「蹇」。「虛危星」是指二十八星宿中的虛宿二星及危宿三星，皆主凶喪之事。

這首詩反映出寒山子的儒家天命觀。孔子是相信命運的。弟子伯牛有疾，孔子自牖執其手，《論語．雍也》記其言曰：「亡之，命矣夫！斯人也而有斯疾也、斯人也而有斯疾也！」孔子被圍於匡，有性命之虞，《論語．子罕》記其言曰：「文王既沒，文不在茲乎？天之將喪斯文也，後死者不得與于斯文也，天之未喪斯文也，匡人其如予何？」《論語．顏淵》記其弟子子夏之言：「死生有命，富貴在天。」寒山子詩也反映出儒家的命運觀，例如〈死生元有命〉詩云：

死生元有命，富貴本由天；
此是古人語，吾今非謬傳。
聰明好短命，癡騃卻長年；
鈍物豐財寶，醒醒漢無錢。

儒家仁政的基本立場是主張國以民為本，人民富足國家才能興旺，寒山子深諳其理。〈國以人為本〉詩云：

國以人為本，猶如樹因地；
地厚樹扶疎，地薄樹憔悴。
不得露其根，枝枯子先墜。
決陂以取魚，是取一期利。

在這首詩中，寒山子把人民比為大地，國家是生長在大地上的樹，指出人民貧困則國家衰敗，人民富足國家才能強盛，圖一朝之利是害民之舉。儒家的民本思想還表現在重視農耕，藏富於民。寒山子批評慵懶，勸民耕織，〈婦女慵經織〉詩云：

婦女慵經織，男夫懶耨田；
輕浮耽挾彈，跕躧拈抹弦。
凍骨衣應急，充腸食在先；
今誰念於汝，苦痛哭蒼天。

也有教民致富的詩，〈丈夫莫守困〉詩云：

丈夫莫守困，無錢須經紀；
養得一牸牛，生得五犢子；
犢子又生兒，積數無窮已。
寄語陶朱公，富與君相似。

這是以春秋末期政治家、軍事家、經濟學家和道家學者范蠡（西元前五三六至前四四八年）為榜樣，教人以養牛和經商的方法致富，民富才能國強。對於為富不仁的有錢人，寒山子則站在貧苦大眾的立場，予以抨擊。〈富兒多鞅掌〉詩云：

富兒多鞅掌，觸事難祗承；
倉米已赫赤，不貸人斗升。
轉懷鉤距意，買絹先揀綾；
若至臨終日，吊客有蒼蠅。

倉米堆得黴爛發紅，也不肯借給挨餓之人。這種吝嗇而不肯施惠於人的富者，與孔子提倡的「己所欲施於人，己所不欲勿施於人」的仁愛之心背道而馳，因而也受到寒山子的諷刺與批評。

孔子修《春秋》以正君臣父子之法，述《孝經》以明君臣父子之行；孝道乃宗法制度的封建社會百行之宗，五教之要。《唐會要》記載：「開元十年（西元七二二年）六月，上注《孝經》頒天下及國子學；天寶二年（西元七四三年）五月上重注，亦頒天下。」

寒山子的青年時代，正是唐玄宗御注《孝經》頒行天下之時。儒家提倡的孝悌之道，在唐代亦為重要的倫理道德規範。寒山詩裡有不少關於勸人盡孝道、報答父母養育之恩的內容；前文提到寒山子在〈弟兄同五郡〉詩中，表達欲向父母盡孝的願望，此外還有勸人盡孝和批評不孝子的詩——

其一、〈有樂且須樂〉

有樂且須樂，時哉不可失；

雖云一百年，豈滿三萬日。
寄世是須臾，論錢莫啾唧。
孝經末後章，委曲陳情畢。

其二、〈我見世間人〉

我見世間人，堂堂好儀相；
不報父母恩，方寸底模樣。
欠負他人錢，蹄穿始惆悵；
個個惜妻兒，爺娘不供養；
兄弟似冤家，心中常惆悵。
憶昔少年時，求神願成長；
今為不孝子，世間多此樣。
買肉自家噇，抹嘴道我暢；
自逞說嘍囉，聰明無益當。

牛頭努目嗔，出去始時喣。
擇佛燒好香，揀僧歸供養；
羅漢門前乞，趁卻閑和尚。
不悟無為人，從來無相狀；
封疏請名僧，嚫錢兩三樣。
雲光好法師，安角在頭上；
汝無平等心，聖賢俱不降。
凡聖皆混然，勸君休取相；
我法妙難思，天龍盡回向。

寒山子詩中，有相當數量的詩，是用儒家的「獨善其身」、「君子求諸己」的道德規範及處世之道來教導世人。〈不須攻人惡〉詩云：

不須攻人惡，何用伐己善；
行之則可行，卷之則可卷。

祿厚憂責大，言深慮交淺；
聞茲若念茲，小子當自見。

這首詩中，提倡的也是孔子教育弟子的觀點。《論語．顏淵》有「攻其惡，無攻人之惡。」《論語．公冶長》有「顏淵曰，願無伐善。」《論語．述而》有「子謂顏淵曰，用之則行，舍之則藏，唯我與爾有是夫。」《論語．衛靈公》有「邦有道則仕，邦無道則可卷而懷之。」

寒山子的這些規勸詩和風俗詩，至今仍有積極的現實意義。這些詩寫得真切自然，生動形象，描繪出唐代社會各階層的眾生相，和多姿多彩的社會生活畫卷，是瞭解唐代歷史和社會狀況的第一手資料，也是寒山子儒家思想的集中體現。

青少年時代的寒山子刻苦學習，希望通過科舉入仕，以儒家思想為指導，積極進取，憂國憂民，以天下為己任。到了中年，感到功名無望，開始放浪形骸，浪跡江湖之上，以求回歸自然，徹底解脫。

寒山子卜居天台的初期，以清貧恬淡的田園生活化解功名未遂的焦慮，在農耕與天倫之樂中獲得了慰藉；以琴書吟詩自娛，飲酒話桑麻。以下四首寒山子詩，反映出其樂融融的鄉村生活——

其一、〈琴書須自隨〉

琴書須自隨，祿位用何為？
投輦從賢婦，巾車有孝兒。
風吹曝麥地，水溢沃魚池；
常念鷦鷯鳥，安身在一枝。

其二、〈茅棟野人居〉

茅棟野人居，門前車馬疏；
林幽偏聚鳥，溪闊本藏魚。
山果攜兒摘，皋田共婦鋤。
家中何所有，唯有一床書。

其三、〈田家避暑月〉

田家避暑月，斗酒共誰歡？
雜雜排山果，疏疏圍酒樽。
蘆莦將代席，蕉葉且充盤；
醉後潜頤坐，須彌小彈丸。

其四、〈滿卷才子詩〉

滿卷才子詩，溢壺聖人酒；
行愛觀牛犢，坐不離左右。
霜露入茅簷，月華明翁牖；

此時吸兩甌，吟詩三兩首。

純樸的田園生活和優美的自然環境，不斷淨化寒山子的心靈，立志隱逸山林中。〈秉志不可卷〉詩云：

秉志不可卷，須知我匪席；
浪造山林中，獨臥盤陀石。
辯士來勸余，速令受金璧。
鑿牆植蓬蒿，若此非有益。

「秉志不可卷，須知我匪席」，語出《詩經．邶風．柏舟》，詩中有「我心匪石，不可轉也；我心匪席，不可卷也。」意為：我心並非圓卵石，不能隨便滾轉；我心並非軟草席，不能任意翻捲。

寒山子沒有在愜意的田園生活中隨遇而安，他對榮華富貴眷屬親情有清醒的認識。以下兩首寒山子詩，反映出他內心嚮往更大的自由——

其一、〈鹿生深林中〉

鹿生深林中，飲水而食草；
伸腳樹下眠，可憐無煩惱。
繫之在華堂，肴膳極肥好；
終日不肯嘗，形容轉枯槁。

其二、〈我見世間人〉
我見世間人，茫茫走路塵；
不知此中事，將何為去津。
榮華能幾日，眷屬片時親；
縱有千斤金，不如林下貧。

寒山子告別了田園式耕讀生活，在寒石山的寒岩和明岩隱居起來，過著與世隔絕的獨居生活。天台山秀麗獨特的自然美景，是取之不盡的靈感源泉，讓寒山子創作出五十多首隱逸山水詩。以下四首寒山子詩，反映出漫遊在山水間的樂趣——

其一、〈千雲萬水間〉

千雲萬水間，中有一閑士；
白日游青山，夜歸岩下睡。
倏爾過春秋，寂然無塵累；
快哉何所依，靜若秋江水。

其二、〈層層山水秀〉

層層山水秀，煙霞鎖翠微；
嵐拂紗巾濕，露沾蓑草衣。
足躡游方履，手執古藤枝；
更觀塵世外，夢境復何為？

其三、〈可重是寒山〉

可重是寒山，白雲常自閑；
猿啼暢道內，虎嘯出人間。

獨步石可履，孤吟藤好攀；
松風清颯颯，鳥語聲官官。

其四、〈棲遲寒岩下〉

棲遲寒岩下，偏訝最幽奇；
攜籃采山茹，挈籠摘果歸。
蔬齋敷茅坐，啜啄食紫芝；
清沼濯瓢缽，雜和煮稠稀。
當陽擁裘坐，閑讀古人詩。

寒山子在宇宙天地之中，與天地萬物相依存，擺脫了時間與空間的局限，超然達觀，充分體會到莊子所言「天地與我並生，萬物與我為一」，與日月參光、與天地為常的思想境界。〈莊子說送終〉詩云：

莊子說送終，天地為棺槨；
吾歸此有時，唯須一番箔。

死將喂青蠅，吊不勞白鶴；
餓著首陽山，生廉死亦樂。

寒山子開始並學習道教經典，修煉成仙之道。以下四首詩反映出其修仙之經歷——

其一、〈手筆大縱橫〉

手筆大縱橫，身才極瓌瑋；
生為有限身，死作無名鬼。
自古如此多，君今爭奈何。
可來白雲裡，教爾紫芝歌。

其二、〈欲得安身處〉

欲得安身處，寒山可長保；
微風吹幽松，近聽聲愈好。
下有斑白人，喃喃讀黃老；

十年歸不得，忘卻來時道。

其三、〈一入雙溪不計春〉

一入雙溪不計春，煉曝黃精幾許斤。

爐灶石鍋頻煮沸，土甑久蒸氣味珍。

誰來幽谷餐仙食，獨向雲泉更勿人。

延齡壽盡招手石，此棲終不出山門。

其四、〈益者益其精〉

益者益其精，可名為有益；

易者易其形，是名之有易。

能益復能易，當得上仙籍；

無益復無易，終不免死厄。

〈手筆大縱橫〉中的〈紫芝歌〉作者是商山四皓。商山四皓是指秦末漢初蟄居商山（今陝西省商洛市）的四位道家隱士，即東園公唐秉、夏黃公崔廣、綺里季吳實、用里先生周術。他們是秦始皇時七十名博士官中的四位，後為避秦始皇焚書坑儒的暴行，退而隱居於商山，年皆八十有餘，眉皓髮白，後人遂稱之為「商山四皓」。漢高祖劉邦曾多次邀請他們出山為官，遭到拒絕，他們甘願過著採食商芝、棲身洞穴的清貧生活。

〈欲得安身處〉詩中的「喃喃讀黃老」，是指《黃帝內經》和老子《道德經》。《黃帝內經》的主要內容是養生和醫療；老子《道德經》不過五千言，是道家的重要經典。寒山子的〈寒山有裸蟲〉詩中有「手把兩卷書，一道將一德」，在〈竟日長如醉〉詩中有「遮莫咬鐵口，無因讀老經」；由此可見，寒山子對《道德經》的尊崇。

從〈一入雙溪不計春〉詩中可知，寒山子在深山中過著煉藥服餌的修仙生活；「十年歸不得，忘卻來時道」，這種生活持續了十年。

〈益者益其精〉寫的是修道成仙之術。《太平廣記．卷三．漢武帝》中有：

王母曰，夫欲修身，當營其氣。《太仙真經》所謂行益易之道，益者益精，易者易形也；能益能易，名上仙籍；不易不益，不離死厄。行益易者，謂常思靈寶也；靈者神也，寶者精也。子但愛精握固，閉氣吞液，氣化為血，血化為精，精化為神，神化為液，液化為骨；行之不倦，神精充溢。為之一年易氣，二年易血，三年易精，四年易脈，五年易髓，六年易骨，七年易筋，八年易髮，九年易形。形易則變化，變化則成道，成道則為仙人。

寒山子根據自身的修道經驗指出，這種修仙之術沒有效驗，原因不能歸咎於仙術，是自己沒有真修。寒山子〈有人畏白首〉詩云：

有人畏白首，不肯舍朱紱；
采藥空求仙，根苗亂挑掘。
數年無效驗，癡意瞋怫鬱。
獵師披袈裟，無元汝使物。

最終，寒山子還是對道教產生了質疑；道教的修煉成仙雖然確有其事，但成仙並非如道教中人所說的那般、是至高無上的法門。以下三首寒山子詩，是批評道教的——

其一、〈常聞漢武帝〉

常聞漢武帝，爰及秦始皇；
俱好神仙術，延年竟不長。
金臺既摧折，沙丘遂滅亡；
茂陵與驪嶽，今日草茫茫。

其二、〈縱你居犀角〉

縱你居犀角，饒君帶虎睛；
桃枝將辟穢，蒜穀取為瓔。
暖腹茱萸酒，空心枸杞羹。
終歸不免死，浪自覓長生。

其三、〈昨到雲霞觀〉

昨到雲霞觀，忽見仙尊士；

星冠月帔橫，盡雲居山水。
余問神仙術，云道若為比；
謂言靈無上，妙藥心神祕。
守死待鶴來，皆道乘魚去；
餘乃返窮之，推尋勿道理。
但看箭射空，須臾還墜地；
饒你得仙人，恰似守屍鬼。
心月自精明，萬象何能比；
欲知仙丹術，身內元神是。
莫學黃巾公，握愚自守擬。

漢武帝及秦始皇俱好神仙術，但是延年竟不長。道家成仙，號稱長生不老，終歸不免死；神仙術並未達到真正不生不滅境界，終有壽盡死亡之時。南宋王日休（西元?至一一七三年）的《龍舒增廣淨土文．淨土起信六》，便提及寒山子的〈昨到雲霞觀〉詩：

有十種仙，皆壽千萬載數盡復入輪回。為不曾了得真性，故與六道眾生同名七趣，是皆輪回中人也。世人學仙者，萬不得一；縱使得之，亦不免輪回，為著於形神而不能舍去也。且形神者，乃真性中所現之妄想，非為真實，故寒山詩云：「饒汝得仙人，恰似守屍鬼。」非若佛家之生死自如而無所拘也。

修道的人群中，能夠修煉成仙的人不到萬分之一；即使成仙，也不能免於輪迴，如同守屍鬼。寒山子開始轉向佛教，尋求解脫之道。

寒山子的佛教思想

現存三百餘首寒山子詩中，與佛教相關的詩共有一百一十九首；既有感性的體驗，也有理性的思索，以及通俗易懂的勸教，大致可以分為兩類，即內在體驗詩和佛理教化詩。

參悟佛法

寒山子從修煉成仙之道轉入修習佛法後，時常前往國清寺拜訪豐干、拾得，其佛教思想便受到二人的影響。《景德傳燈錄．卷第二十七》記載，國清寺沙門靈熠，令拾得「廚內滌器，常日齋畢澄濾食渣以筒盛之，寒山來即負之而去。」

寒山子虔誠修行佛道，祈願常生淨土，與百億由那他恆河沙佛相遇。〈自從出家後〉詩云：

自從出家後，漸得養生趣；
伸縮四肢全，勤聽六根具。
褐衣隨春冬，糲食供朝暮。
今日懇懇修，願與佛相遇。

詩中的「六根」，即梵語 ṣaḍ indriyāṇi，又作「六情」，指六種感覺器官或能力，「根」為感知器官之意。六根即眼根（視覺器官與視覺能力）、耳根（聽覺器官及其能力）、鼻根（嗅覺器官及其能力）、舌根（味覺器官及其能力）、身根（觸覺器官及其能力）、意根（思惟器官及其能力）。五根是物質性的色法，即色根；意識則依於意根，是心法。六根為「十二處」之內六處（「色、聲、香、味、觸、法」等六種認知對象為外六處），「十八界」（十二處再加上「眼、耳、鼻、舌、身、意」六識）之六根界。

寒山子這首詩中的「出家」是指轉入佛道修行，並非出家為僧。《宋高僧傳．卷十九》記載，寒山子常來國清寺，「或廊下徐行，或時叫噪淩人，或望空曼罵。寺僧不耐，以杖逼逐；翻身撫掌，呵呵徐退。然其布襦零落，面貌枯瘁，以樺皮為冠，曳大木屐；或發辭氣，宛有所歸，歸於佛理。」寒山子的怪誕言行，不為寺僧理解，寺僧甚至「以杖逼逐」。寒山子在以下三首詩中，諷刺嘲笑了這類出家人——

其一、〈語你出家輩〉

語你出家輩，何名為出家？
奢華求養活，繼綴族姓家。
美舍甜唇嘴，諂曲心鉤加；
終日禮道場，持經置功課。
爐燒神佛香，打鐘高聲和；
六時學客舂，晝夜不得臥。
只為愛錢財，心中不脫灑；
見他高道人，卻嫌誹謗罵。
驢屎比麝香，苦哉佛陀耶。

其二、〈又見出家兒〉

又見出家兒，有力及無力；
上上高節者，鬼神欽道德；

堪為世福田，世人須保惜。
下下低愚者，詐現多求覓；
濁濫即可知，愚癡愛財色。
著卻福田衣，種田討衣食；
作債稅牛犁，為事不忠直。
朝朝行弊惡，往往痛臀脊；
不解善思量，地獄惡無極；
一朝著病纏，三年臥床席。
亦有真佛性，翻作無明賊；
南無佛陀耶，遠遠求彌勒。

其三、〈世間一等流〉

世間一等流，誠堪與人笑；
出家弊己身，狂俗將為道。

雖著離塵衣，衣中多養蚕。
不如歸去來，識取心王好。

寒山子批評那些貪圖奢華求養活而出家的人，他則追求真佛性，「識取心王好」。「心王」是指眾生本來具有的清淨心性；能夠「識取心王好」，則見性成佛。寒山子在以下兩首詩中也提及識取心王，認為回心即是佛——

其一、〈男兒大丈夫〉

男兒大丈夫，作事莫莽鹵；
勁挺鐵石心，直取菩提路。
邪路不用行，行之枉辛苦；
不要求佛果，識取心王主。

其二、〈說食終不飽〉

說食終不飽，說衣不免寒；
飽吃須是飯，著衣方免寒。

不解審思量，只道求佛難；
回心即是佛，莫向外頭看。

《壇經．疑問品第三》有「佛向性中作，莫向身外求」，《壇經．付囑品第十》有「我心自有佛，自佛是真佛；自若無佛心，何處求真佛。」寒山子的「心即是佛」的思想，顯然是南宗禪直指人心、見性成佛的頓悟法門。以下三首寒山子詩，是其對心性的妙悟——

其一、〈常聞釋迦佛〉

常聞釋迦佛，先受然燈記。
然燈與釋迦，只論前後智；
前後體非殊，異中無有異。
一佛一切佛，心是如來地。

其二、〈寄語諸仁者〉

寄語諸仁者，復以何為懷；

達道見自性，自性即如來。
天真元具足，修證轉差回；
棄本卻逐末，只守一場呆。

其三、〈我見利智人〉

我見利智人，觀者便知意；
不假尋文字，直入如來地。
心不逐諸緣，意根不妄起；
心意不生時，內外無餘事。

〈常聞釋迦佛〉詩中的「然燈」，即然燈佛，梵名Dīpaṃkara，音譯提和竭羅、提洹竭，又作燃燈佛、普光佛、錠光佛，在過去世為釋迦菩薩授成道記。

寒山子領悟到佛在心內、不在心外；達到認識「如來地」的境界，必須維持清淨的心境，這也是天台宗提出的「觀心」實踐說。所謂「觀心」實踐說，即主體本身的自我意識活動，運用「一心三觀」（空、假、中）的方法，把自我意識外化為對象，與主體對置起來，作為客體，成為主體認識、轉化的場所，通過實踐成就「行滿而智圓」的境界。

佛在內心，自然不假外求，外求反而會被外境所惑。本性自有般若智慧，只要自證本性，即可解脫成佛，這是禪宗的基本立足點；而本性如同禪一樣，是只可會意不可言傳的存在，寒山子在詩中將本性比作一件四季皆可使用的衣服，來說明本性的存在與性質。〈我今有一襦〉詩云：

我今有一襦，非羅復非綺；
借問作何色，不紅亦不紫。
夏天將作衫，冬天將作被；
冬夏遞互用，長年只這是。

以下三首寒山子詩，將本性比作房宅和明珠——

其一、〈余家有一窟〉

余家有一窟，窟中無一物；

淨潔空堂堂，光華明日日。
蔬食養微軀，布裘遮幻質。
任你千聖現，我有天真佛。

其二、〈寒山有一宅〉

寒山有一宅，宅中無欄隔；
六門左右通，堂中見天碧。
房房虛索索，東壁打西壁；
其中一物無，免被人來惜。
寒到燒軟火，饑來煮菜吃；
不學田舍翁，廣置牛莊宅。
盡作地獄業，一入何曾極？
好好善思量，思量知軌責。

其三、〈余家有一宅〉

余家有一宅，其宅無正主；
地生一寸草，水垂一滴露。
火燒六個賊，風吹黑雲雨；
仔細尋本人，布裹真珠爾。

詩中的窟和宅中，「無一物」、「一物無」、「無正主」，空空如也。雖然人的身體汙濁，珍珠般光明清淨的本性卻不會因之有絲毫改變；身體只是四大合成的物質，沒有靈性，也沒有指揮身體各部運動的功能。天台宗三祖南嶽慧思的〈諸法無諍三昧法門〉中云「欲坐禪時，應先觀身本」，寒山子在〈人以身為本〉詩中便對「身本」做出了解釋：

人以身為本，本以心為柄；
本在心莫邪，心邪喪本命。
未能免此殃，何言懶照鏡？
不念金剛經，卻令菩薩病。

身以心為本，身以心為用，身正心不邪，心邪便會喪命；因此，要經常反觀自身的心性，以心為鏡。不念大乘經典《金剛經》，就不會明白諸法皆空、無有實法。四大和合，假名為身；四大無主，就會令眾生（因地菩薩）患上顛倒妄想之病。

寒山子參悟佛法的詩，能夠在具體形象的描繪，創造出充滿哲理的悟境，給人以深刻的啟迪，在歷代佛門弟子中廣受推崇。

佛理教化

佛教的基本教義可以概括為「四聖諦」，即「苦、集、滅、道」。「苦諦」是佛教對人生的基本看法，認為世間之樂是相對之假樂，而苦才是真實的。

佛法將人生之苦歸納為八類：「一生、二死、三老、四病、五愛別離、六怨憎會、七求不得、八五陰盛」。以下四首寒山子詩便描述了「老、病、死」

等三種苦——

其一、〈少年何所愁〉

少年何所愁，愁見鬢毛白；
白更何所愁？愁見日逼迫。
移向東岱居，配守北邙宅；
何忍出此言，此言傷老客。

其二、〈籲嗟貧復病〉

籲嗟貧復病，為人絕友親。
甕裡長無飯，甑中屢生塵；
蓬庵不免雨，漏榻劣容身。
莫怪今憔悴，多愁定損人。

其三、〈誰家長不死〉

誰家長不死，死事舊來均；

始憶八尺漢，俄成一聚塵。
黃泉無曉日，青草有時春；
行到傷心處，松風愁殺人。

其四、〈可惜百年屋〉

可惜百年屋，左倒右復傾；
牆壁分散盡，木植亂差橫；
磚瓦片片落，朽爛不堪停。
狂風吹驀塌，再豎卒難成。

「北邙宅」是指墳墓。比老去更令人生愁的事是生命餘日無多；面臨死亡，不忍直說此種殘酷的事實，擔心此言傷及老者。感嘆貧病之苦，詩中人既病且貧，又無眷屬，「百年老屋」即喻老苦。

以下兩首寒山子詩描述了「愛別離苦」——

其一、〈垂柳暗如煙〉

垂柳暗如煙，飛花飄似霰；
夫居離婦州，婦住思夫縣。
各在天一涯，何時得相見？
寄語明月樓，莫貯雙飛燕。

其二、〈何以長惆悵〉

何以長惆悵，人生似朝菌；
那堪數十年，親舊凋落盡。
以此思自哀，哀情不可忍；
奈何當奈何，托體歸山隱。

以下四首寒山子詩描述了「求不得苦」——

其一、〈人生不滿百〉

人生不滿百，長懷千載憂；
自身病始可，又為子孫愁。

下視禾根下，上看桑樹頭；
秤錘落東海，到底始知休。

其二、〈急急忙忙苦追求〉

急急忙忙苦追求，寒寒冷冷度春秋；
朝朝暮暮營活計，悶悶昏昏白了頭。
是是非非何日了，煩煩惱惱幾時休？
明明白白一條路，萬萬千千不肯休。

其三、〈大有饑寒客〉

大有饑寒客，生將獸魚殊；
長存磨石下，時哭路邊隅。
累日空思飯，經冬不識襦；
唯齎一束草，並帶五升麩。

其四、〈快哉混沌身〉

快哉混沌身，不飯復不尿；
遭得誰鑽鑿，因茲立九竅。
朝朝為衣食，歲歲愁租調；
千個爭一錢，聚頭亡命叫。

六道輪迴，又稱六趣輪迴，是佛學信仰的基本內容；眾生因所作之業，在「地獄、餓鬼、畜生、人、天、阿修羅」六道之中輪迴。以下五首寒山子詩描述了輪迴之苦——

其一、〈生前大愚癡〉

生前大愚癡，不為今日悟；
今日如許貧，總是前生作；
今日又不修，來生還如故。
兩岸各無船，渺渺難濟渡。

其二、〈可畏輪回苦〉

可畏輪回苦，往復似翻塵；
蟻巡環未息，六道亂紛紛。
改頭換面孔，不離舊時人。
速了黑暗獄，無令心性昏。

其三、〈可畏三界輪〉

可畏三界輪，念念未曾息；
才始似出頭，又卻遭沉溺。
假使非非想，蓋緣多福力；
爭似識真源，一得即永得。

其四、〈勸你休來去〉

勸你休來去，莫惱他閻老；
失腳入三途，粉骨遭千搗；
長為地獄人，永隔今生道。

勉你信餘言，識取衣中寶。

其五、〈三界人蠢蠢〉

三界人蠢蠢，六道人茫茫；
貪財愛淫欲，心惡若豺狼；
地獄如箭射，極苦若為當。
兀兀過朝夕，都不別賢良；
好惡總不識，猶如豬及羊；
共語如木石，嫉妒似顛狂。
不自見己過，如豬在圈臥；
不知自償債，卻笑牛牽磨。

詩中的「三界」，梵語 trayo dhātavaḥ，即「欲界、色界、無色界」。「欲界」是有淫食二欲的眾生所住的世界，上自六欲天、中有人畜所居的四大洲、下至無間地獄皆屬之；「色界」是無淫食二欲、但還有色相的眾生所住的世界，四禪十八天皆屬之；「無色界」是色相俱無、但住心識於深妙禪定之眾生所住的世界，四空天屬之。此三界都是凡夫生死往來的境界，所以佛教行者是以跳出三界為目的。

「三毒」說是佛教的基本理論之一，指「貪欲、瞋恚、愚癡」三種煩惱；這三種煩惱能破壞出世善心，故名之為毒。以下五首寒山子詩對三毒進行了解說及批判——

其一、〈去家一萬里〉

去家一萬里，提劍擊匈奴；
得利渠即死，失利汝即殂。
渠命既不惜，汝命有何辜？
教汝百勝術，不貪為上謨。

其二、〈瞋是心中火〉

瞋是心中火，能燒功德林；

欲行菩薩道，忍辱護真心。

其三、〈儂家暫下山〉

儂家暫下山，入到城隍裡。
逢見一群女，端正容貌美；
頭戴蜀樣花，燕脂塗粉膩；
金釧鏤銀朵，羅衣緋紅紫；
朱顏類神仙，香帶氛氳氣。
時人皆顧眄，癡愛染心意；
謂言世無雙，魂影隨他去。
狗咬枯骨頭，虛自舔唇齒；
不解返思量，與畜何曾異。
今成白髮婆，老陋若精魅；
無始由狗心，不超解脫地。

其四、〈不見朝垂露〉

不見朝垂露，日爍自消除；
人身亦如此，閻浮是寄居。
切莫因循過，且令三毒祛；
菩提即煩惱，盡令無有餘。

其五、〈眾生不可說〉

眾生不可說，何意許顛邪；
面上兩惡鳥，心中三毒蛇；
是渠作障礙，使你事煩拏。
舉手高彈指，南無佛陀耶。

佛教以慈悲為本懷，特別重視戒殺放生之行。《大智度論》云：「諸餘罪中，殺罪最重；諸功德中，不殺第一。」寒山子在詩中勸誡世人護生戒殺，以下兩首詩體現出愛物護生思想——

其一、〈鸚鵡宅西國〉

鸚鵡宅西國，虞羅捕得歸；
美人朝夕弄，出入在庭幃。
賜以金籠貯，扃哉損羽衣；
不如鴻與鶴，颻颺入雲飛。

其二、〈鹿生深林中〉

鹿生深林中，飲水而食草；
伸腳樹下眠，可憐無煩惱。
繫之在華堂，肴膳極肥好；
終日不肯嘗，形容轉枯槁。

鸚鵡作為鳥類，應該像大雁和白鶴一樣展翅翱翔，不應該損其羽衣，關入金籠。生活在深林中的鹿，無憂無慮，沒有煩惱；將其束縛在華堂，失去了自由，即使提供精美的食物，也終日不食，轉眼形容枯槁。寒山子勸人愛物放生，不要將自己的快樂強加於其他生靈的痛苦上。

佛教的五大戒是「殺生、偷盜、淫邪、妄語、飲酒」，這是佛教徒及在家居士必須遵守的戒律。寒山子極力勸誡世人不要殺生食肉，以下三首詩描繪食肉無厭之人的醜態——

其一、〈有漢姓傲慢〉

有漢姓傲慢，名貪字不廉；
一身無所解，百事被他嫌。
死惡黃連苦，生憐白蜜甜；
吃魚猶未止，食肉更無厭。

其二、〈個是誰家子〉

個是誰家子，為人大被憎；
癡心常憒憒，肉眼醉瞢瞢。
見佛不禮佛，逢僧不施僧；

唯知打大鑾，除此百無能。

其三、〈憐底眾生病〉

憐底眾生病，餐嘗略不厭；

蒸豚搵蒜醬，炙鴨點椒鹽；

去骨鮮魚膾，兼皮熟肉臉。

不知他命苦，只取自家甜。

佛教認為，人類與眾生之間是輪迴關係，人類殺生食肉，會因造殺業投胎為畜生。佛教經典對這種迴圈多有論述，如《楞嚴經》云：「以人食羊，羊死為人，人死為羊，如是乃至十生之類，死死生生，互來相啖，惡業俱生，窮未來際，是等則以盜貪為本。」寒山子〈豬吃死人肉〉詩，敘述了眾生互來相啖的情景：

豬吃死人肉，人吃死豬腸；

豬不嫌人臭，人返道豬香。

豬死拋水內，人死掘土藏；
彼此莫相啖，蓮花生沸湯。

以下四首寒山子詩，以佛教六道輪迴及因果報應的教理，勸誡世人應戒殺惜命——

其一、〈我見東家女〉

我見東家女，年可有十八；
西舍竟來問，願姻夫妻活。
烹羊煮眾命，聚頭作淫殺；
含笑樂呵呵，啼哭受殃決。

其二、〈嗔嗔買魚肉〉

嗔嗔買魚肉，擔歸喂妻子；
何須殺他命，將來活汝己；
此非天堂緣，純是地獄滓。

徐六語破堆，始知沒道理。

其三、〈買肉血䫲䫲〉

買肉血䫲䫲，買魚跳鱍鱍；

君身招罪累，妻子成快活；

才死渠便嫁，他人誰敢遏。

一朝如破床，兩個當頭脫。

其四、〈寄語食肉漢〉

寄語食肉漢，食時無逗留；

今生過去種，未來今日修；

只取今日美，不畏來生憂。

老鼠入飯甕，雖飽難出頭。

寒山子著重勸誡世人不可殺生食肉，還勸誡世人戒淫、戒妄（語）、戒貪、戒瞋。以下四首是寒山子勸人戒淫的詩——

其一、〈城中峨眉女〉

城中峨眉女，珠佩何珊珊；
鸚鵡花前弄，琵琶月下彈；
長歌三日響，短舞萬人看。
未必長如此，芙蓉不耐寒。

其二、〈妾在邯鄲住〉

妾在邯鄲住，歌聲亦抑揚；
賴我安居處，此曲舊來長；
既醉莫言歸，留連日未央。
兒家寢宿處，繡被滿銀床。

其三、〈貪愛有人求快活〉

貪愛有人求快活，不知禍在百年身；
但看陽焰浮漚水，便覺無常敗壞人。

丈夫志氣直如鐵，無曲心中道自真；
行密節高霜下竹，方知不枉用心神。

其四、〈世有一等愚〉

世有一等愚，茫茫恰似驢，
還解人言語，貪淫狀若豬；
險巇難可測，實語卻成虛。
誰能共伊語，令教莫此居。

佛家講的「淫」和一般百姓意義上的淫不同；百姓說的淫是指男女苟且淫亂之事，而佛教說淫是指所有的男女之事。

以下兩首寒山子詩勸人戒妄，不要假言欺瞞——

其一、〈俗薄真成薄〉

俗薄真成薄，人心個不同。
殷翁笑柳老，柳老笑殷翁；

何故兩相笑，俱行滃詖中。

裝車兢嶗嵲，翻載各瀧涷。

其二、〈我見瞞人漢〉

我見瞞人漢，如籃盛水走；

一氣將歸家，籃裡何曾有。

我見被人瞞，一似園中韭；

日日被刀傷，天生還自有。

以下三首寒山子詩勸人戒貪——

其一、〈貪人好聚財〉

貪人好聚財，恰如梟愛子；

子大而食母，財多還害己。

散之即福生，聚之即禍起；

無財亦無禍，鼓翼青雲裡。

其二、〈多少般數人〉

多少般數人，百計求名利；
心貪覓榮華，經營圖富貴。
心未片時歇，奔突如煙氣；
家眷實團圓，一呼百諾至。
不過七十年，冰消瓦解至；
死了萬事休，誰人承後嗣。
水浸泥彈丸，方知無意智。

其三、〈去家一萬里〉

去家一萬里，提劍擊匈奴；
得利渠即死，失利汝即殂。
渠命既不惜，汝命有何辜？
教汝百勝術，不貪為上謨。

以下四首寒山子詩勸人戒瞋：

其一、〈瞋是心中火〉

瞋是心中火，能燒功德林；

欲行菩薩道，忍辱護真心。

其二、〈人生一百年〉

人生一百年，佛說十二部。

慈悲如野鹿，瞋忿似家狗；

家狗趁不去，野鹿常好走。

欲伏獼猴心，須聽獅子吼。

其三、〈無瞋即是戒〉

無瞋即是戒，心淨即出家；

我性與汝合，一切法無差。

其四、〈世有多解人〉

世有多解人，愚癡學閑文；
不憂當來果，唯知造惡因；
見佛不解禮，睹僧倍生瞋。
五逆十惡輩，三毒以為臨；
死去入地獄，未有出頭辰。

〈人生一百年〉詩中的「佛說十二部」，又稱「十二分教」或「十二分經」。佛說的一切法，皆可統攝為一修多羅，類集為「經、律、論」三藏。由於一切經的經文體裁和所載的事相不同，故從三藏分出十二種名稱——長行、重頌、孤起、因緣、本事、本生、未曾有、譬喻、論議、無問自說、方廣、授記，通稱三藏十二部經，總則稱一切經，別則稱十二部，但並非每一經都具有十二部之名。

〈世有多解人〉詩中提到「五逆十惡」。「五逆」即五逆罪，是指「殺父、殺母、殺阿羅漢、破和合僧、出佛身血」。「十惡」又稱「十惡業」，是指「殺人奪命、偷盜、邪淫、妄言、兩舌、惡口、綺語、貪欲、瞋恚、邪見」。

南明鄭龍采在〈寒山唱和序〉中評價寒山子詩：

唐世韻語盛行，村稚爨婦能解歌吟。寒、拾二老溷跡於中，移商換徵，積成篇什；大要憫世癡迷，沉沒於利欲生死之海，而不知止息。故閑言以挑，冷語以諷，痛言如罵，正語如經，縱橫反覆，斜側正視，無非為此大事，毋令斷絕耳。

寒山子為了喚醒沉沒於利欲生死之海的眾生，用婦孺能解、能吟的語言教化眾生，甚至冷嘲痛罵、縱橫反覆，無非是想讓世人時刻警醒。寒山子通過詩歌將自己的參禪所得傳授給世人，並規勸人們及時修行成佛，對後世產生巨大影響。

總之，寒山子以懲善棄惡為出發點，吸取禪宗「淨性自悟」說和天台宗「觀心」實踐說的觀點，進而闡述自己的感悟，形成了獨特的佛學思想，淺白的寒山子詩則被後人譽為救世之良藥、憫人之神方。

貳・寒山之傳說

寒山詩三百餘首，拾得詩五十餘首，唐閭邱太守寫自寒岩，流傳閻浮提界。……朕以為非俗、非韻、非教、非禪，真乃古佛直心直語也。

在宋代，寒山從隱居寒岩的貧士，被正式納入禪宗系譜之中，又被賦予文殊菩薩化身的形象。

文殊菩薩化身

現存最早將寒山與文殊菩薩連接起來、視寒山為文殊菩薩垂跡示現於人間的文獻，是偽託閭丘胤的名字所作的〈寒山子詩集序〉，序中有「寒山文殊，遯跡國清；拾得普賢，狀如貧子」，此序結尾的贊中還有：

菩薩遯跡，示同貧士。獨居寒山，自樂其志。貌悴形枯，布裘弊止。出言成章，諦實至理。凡人不測，謂風狂子。〔中略〕稽首文殊，寒山之士；南無普賢，拾得定是。

此後，寒山為文殊菩薩化身的說法廣為流傳。《宋高僧傳》、《景德傳燈錄》、《天台山國清禪寺三隱集記》以及後來關於寒山的記載，幾乎都沿用了這個說法。雖然這一說法充滿傳奇色彩，但是有其理論依據和歷史淵源。在大乘佛教經典中，佛菩薩為度化有情而化現各種身分的事例隨處可見，是透過轉換身分來實踐利生事業經常使用的一種方便。

中國佛教史上，最早出現菩薩化現的記載，是從梁朝僧人寶志（誌）（西元四一八至五一四年）開始。寶志，又作保志，世稱寶公、志公和尚，金城（今南京市棲霞區）人。俗姓朱，年少出家，師事道林寺僧儉，修習禪業。劉宋泰始年間（西元四六六至四七一年），往來於都邑，居無定所，時或賦詩，其言每似讖記，四民遂爭就問福禍。齊武帝以其惑眾，投之於獄。然日日見師遊行於市里；若往獄中檢視，卻見師猶在獄中。帝聞之，乃迎入華林園供養，禁其出入；而師不為所拘，仍常游訪龍光、罽賓、興皇、淨名等諸寺。至梁武帝建國，始解其禁。師每與帝長談，所言皆經論義。

師於天監十三年十二月示寂，世壽九十六。敕葬鐘山獨龍阜，於墓側立開善寺。諡號廣濟大師。後代續有追贈，如妙覺大師、道林真覺菩薩、道林真覺大師、慈應惠感大師、普濟聖師菩薩、一際真密禪師等號。寶志禪師留下許多讚頌詩偈，收在《景德傳燈錄．卷二十九》，包括〈志公和尚大乘贊〉十首、〈志公和尚十二時頌〉十二首、〈志公和尚十四科頌〉等。

南朝梁慧皎（西元四九七至五五四年）著《梁高僧傳．卷第十．梁京師釋寶志傳》記載：

有陳御虜者，舉家事志甚篤，志嘗為其現真形，光相如菩薩像焉。志知名顯奇四十餘載，士女恭事者數不可稱。至天監十三年冬，於臺後堂謂人曰，菩薩將去。未及旬日無疾而終，屍骸香軟形貌熙悅。

《景德傳燈錄．卷第二十七．寶志禪師傳》中，也有寶志是菩薩化身的記載。唐代律僧道宣（西元五九六至六六七年）的《續高僧傳．卷第六．釋慧約傳》中，慧約（西元四五二至五三五年）是菩薩化身，勸其叔父不要狩獵殺生。《續高僧傳．卷第二十九．釋僧崖傳》中，僧崖是「光明遍照寶藏菩薩」化身。《續高僧傳．卷第二十六．釋慧雲傳》和《景德傳燈錄．卷第二十七》，記載了大士傅弘的事蹟，稱傅大士是彌勒菩薩化身。

自南北朝以來，有很多僧人被認為或自稱是菩薩化現。例如，華嚴宗初祖杜順（西元五五七至六四〇年）是文殊菩薩化現；五代之初的布袋和尚（西元？至九一七年）是彌勒再世；唐末五代僧人永明延壽（西元九〇四至九七五年）是阿彌陀佛示現。凡此種種，在《高僧傳》、《佛祖統記》、《佛祖歷代通載》等佛教典籍中不勝枚舉。

寒山被視為文殊菩薩化身，或是時代社會宗教心理需求影響的結果，和唐朝以來文殊信仰的發展及文殊菩薩的精神特質有關。

《八十華嚴·卷四十五·諸菩薩住處品第三十二》云：

東北方有處，名清涼山；從昔以來，諸菩薩眾于中止住。現有菩薩，名文殊師利，與其眷屬諸菩薩眾一萬人俱，常在其中而演說法。

五臺山與《華嚴經》中的清涼山結合，便成為文殊菩薩的道場，這種說法在武則天時代尤為盛行。唐太宗、高宗時代，盛行法相（唯識）宗；而在華嚴三祖法藏法師（西元六四三至七一二年）的教判中，華嚴宗的境界高於法相宗。因此，武則天格外推崇《華嚴經》，以此與前朝尊崇的法相宗抗衡。由於得到武周的政治勢力護持，華嚴宗成為當時最重要的宗派，五臺山信仰也因此盛極一時。

唐代宗時代，在密宗不空（西元七〇五至七七四年）的推動和唐代宗的護持下，五臺山的文殊信仰又增加了密教元素，五臺山文殊道場成為全國顯密並存的佛教中心。

北宋時期，其影響力依然穩固。宋仁宗嘉裕五年（西元一〇六〇年），五臺山大華嚴寺的壇長妙濟大師延一撰著的《廣清涼傳》開版。日本後三條天皇延久四年（西元一〇七二年），善慧大師成尋（西元一〇一一至一〇八一年）赴中國；同年十月十九日，在五臺山真容院拜會《廣清涼傳》著者延一，並於當日獲得《廣清涼傳》。成尋還在國清寺獲得《寒山子詩一帖》，翌年命其弟子賴緣等五人將這些書籍帶回日本。這段過程在成尋的《參天台五臺山記》中可以見到。

《廣清涼傳．卷中》的〈菩薩化身為貧女〉，是文殊菩薩化身貧女乞食的故事，勸誡僧人應該平等布施。遼代僧人非濁（西元？至一〇六三年）的《三寶感應要略錄》也引用了這則故事。西元一一四〇年前後問世的日本史上最大的說話文學集《今昔物語集》，引用了《三寶感應要略錄．卷下》的〈文殊化身為貧女感應〉故事。《太平廣記．卷五十五》「寒山子」條記載：

咸通十二年，毗陵道士李褐，性褊急，好淩侮人。忽有貧士詣褐乞食，褐不之與，加以叱責，貧者唯唯而去。

數日，有白馬從白衣者六七人詣褐，褐禮接之。因問褐曰：「頗相記乎？」褐視其狀貌，乃前之貧士也。逡巡欲謝之，慚未發言。忽語褐曰：「子修道未知其門，而好淩人侮俗，何道可冀？子頗知有寒山子邪？」答曰：「知。」曰：「即吾是矣。吾始謂汝可教，今不可也。」

文殊菩薩化身貧女乞食，與寒山子化身貧士向道士李褐乞食，這兩則故事情節非常類似。《五燈會元．卷二》「天台豐干禪師」條記載：

師欲遊五臺，問寒山、拾得曰：「汝共我去遊五臺，便是我同流；若不共我去遊五臺，不是我同流。」山曰：「你去遊五臺作甚麼？」師曰：「禮文殊。」山曰：「你不是我同流。」師尋獨入五臺，逢一老人，便問：「莫是文殊麼？」曰：「豈可有二文殊！」師作禮未起，忽然不見。

這則故事中，寒山暗示豐干去五臺山禮文殊是捨近求遠。在《祖堂集》、《宋高僧傳》、《景德傳燈錄》中，也有暗示寒山是文殊菩薩化身的記載。文殊菩薩的形象特徵為頂結五髻，騎獅表示智慧威武，手持寶劍表示智慧銳利。寒山子〈寒山有裸蟲〉詩云：

寒山有裸蟲，身白而頭黑；
手把兩卷書，一道將一德。
住不安釜灶，行不齎衣裓。
常持智慧劍，擬破煩惱賊。

拾得的〈左手握驪珠〉詩中，也有手執智慧劍破無明賊的詩句：

左手握驪珠，右手執慧劍；
先破無明賊，神珠自吐焰。
傷嗟愚癡人，貪愛那生厭；
一墮三途間，始覺前程險。

智慧是文殊菩薩的特徵，劍代表破除煩惱的利器。雖然寒山子外現瘋癲之貌，但是他利用充滿智慧的詩偈勸誡世人，與文殊菩薩的智慧特質是一致的。

基於上述因素，使得寒山子與文殊菩薩聯繫在一起。〈寒山子詩集序〉已經有豐干彌陀、寒山文殊、拾得普賢的說法，後世又將三人合稱為「天台三隱」。

和合二仙

在甲骨文和金文中，「和」、「合」二字已經單獨出現；「和」是指音聲相和，「合」是指上下唇相合。春秋時期，「和」、「合」二字開始連用，「和合」有和睦同心、友愛互助、和諧共處，以及調和、協和、使之好合等涵義。《國語．鄭語》有「商契能和合五教，以保于百姓者也」；先秦的《墨子．尚同．中》有「內之父子兄弟作怨讎，皆有離散之心，不能相和合」；司馬遷《史記．循吏列傳》有「施教導民，上下和合」；西漢焦延壽《焦氏易林．卷三》有「使媒求婦，和合二姓」。

「和合」本是一種具體行為；後經過歷代思想家的命名與闡釋，逐漸積澱為一種以和為貴、追求團圓好合的深層民族心理與文化精神。

佛教傳入中國後，在佛經翻譯過程中，「和合」一詞被借用為佛教術語，指眾僧和諧共處、和睦同心；「和合僧」則是指，三人以上的僧侶在一起集體生活，修持相同的戒律，奉行相同信仰。佛教戒律規定，如果僧人用挑撥離間等手段，破壞僧眾之間的團結，使僧眾離心離德，這是「破和合僧」行為，屬於五逆罪之一，要受到嚴厲懲罰。能夠與僧眾隨緣友善而和睦相處的智慧，稱為「和合智」，屬於菩薩五種智慧之一。

佛寺中的僧侶以「和合智」為行為準則，對外要與他人和睦友善、關心互助、寬容大度，對內要謙卑忍讓、自律自省。僧人要做到六方面的和合，稱為「六和合」或「六和敬」：第一是「身和合」，一同禮拜佛祖；第二是「口和合」，一同讚頌佛經；第三是「意和合」，樹立對佛祖的信仰之心；第四是「戒和合」，共同遵守戒律法規；第五是「見和合」，具有四大皆空的見解；第六是「利和合」，在衣食方面平均分配、平等受用。這種和合精神為佛寺長久運營提供了保障。

從宋朝開始，寒山和拾得不斷被神化。〈寒山子詩集序〉中，安排最年長的豐干介紹閭丘胤去拜訪「國清二賢」寒山和拾得。國清寺僧釋志南的《三隱集記》中，在「國清二賢」的基礎上又加上了豐干傳說，誕生出「國清三隱」。

元末釋梵琦（西元一二九六至一三七〇年）刊刻了《天台三聖二和詩集》，明末釋濟嶽再次刊刻。在《天台三聖二和詩集》廣為流傳的同時，江浙地區的民間信仰也發生了改變，寒山、拾得取代了盛唐神僧「和合神」萬回（西元六三二至七一一年），成為民間道教尊奉的「和合二仙」。

萬回（迴），河南閿鄉人，俗姓張。其兄從征遠調安西，父母憂思，萬回每朝往視之，暮持兄書返家；鄉人異之，因號萬回。高宗時，得度為僧；武后詔入內道場，賜錦衣，號「法雲公」。從南宋開始，臨安民間便有祭祀「和合神」的風俗。元代劉一清《錢塘遺事》「萬回哥哥」條記載：

> 惟萬回哥哥者，不問省部吏曹、市肆買賣及娼妓之家，無不奉祀，每一飯必祭。其像蓬頭笑面，身著彩衣，左手擎鼓，右手執棒；云是和合之神，祀之可使人在萬里外亦能回家，故名「萬回」。

萬回由唐代神僧演化為宋代「和合之神」，應該歸因於北南宋之交的戰亂。戰亂造成人們流離失所，所以盼望團聚，更渴望有能夠讓人團聚的神靈出現，日行萬里的萬回因而成為「和合之神」。

和合神信仰，由萬回一人置換到寒山、拾得二人，究其原因，從「和」、「合」的本義來看，均是指兩件事物的和諧、相合；而萬回僅有一人，似乎不足以表現這種不同事物之間的和諧關係。清翟灝（西元？至一七八八年）《通俗編．卷十九》有「今和合以二神並祀，而萬回僅一人，不可以當之矣。國朝雍正十一年封天台寒山大士為和聖，拾得大士為合聖。」

到了清代，寒山詩不但為市井民間所熟悉，而且受到了上層統治者的青睞。清代雍正皇帝親自選寒山詩一百二十七首，錄入《雍正御選語錄》，並御筆為之作序：

> 寒山詩三百餘首，拾得詩五十餘首，唐閭邱太守寫自寒岩，流傳閻浮提界。讀者或以為俗語，或以為韻語，或以為教語，或以為禪語，如摩尼珠體非一色，處處皆圓，隨人目之所見。朕以為非俗、非韻、非教、非禪，真乃古佛直心直語也。永明云：「修習空花萬行，宴坐水月道場；降伏鏡裡魔軍，大作夢中佛事。」如二大士者，其庶幾乎。
>
> 正信調直，不離和合因緣；圓滿光華，周遍大千世界。不萌枝上，金鳳翱翔；無影樹邊，玉象圍繞。性空行實，性實行空；妄有真無，妄無真有。有空無實，念念不留；有實無空，如如不動。是以直心直語，如是如是，學者狐疑淨盡，圓證真如，亦能有無，一體性行，一貫乃可，與讀二大士之詩；否則隨文生解，總無交涉也。刪而錄之，以貽後世。寒山子云：「有子期，辨此音。」是為序。雍正十一年癸丑五月朔日御筆。

雍正皇帝又敕封寒山子為「妙覺普度和聖寒山大士」，拾得為「圓覺慈度合聖拾得大士」，正式確立了寒山子與拾得的「和合二聖」身分。雍正因勢利導，將寒山、拾得由民間的「和合二仙」，提升至廟堂供奉的「和合二聖」，寒山、拾得成為和合精神的典範、和合文化的象徵。

寒山與寒山寺

提及「寒山」二字，很多人會聯想到唐代詩人張繼（西元七一五至七七九年）〈楓橋夜泊〉「姑蘇城外寒山寺」的詩句。唐詩中，除了張繼的〈楓橋夜泊〉之外，唐朝詩人韋應物（西元七三七至七八六年）、劉言史（西元七四二至八一三年）、方干（西元八三六至八八八年）的筆下也出現過「寒山寺」；但是與寒山子無關，都是指寒冬裡的寺院。

根據《唐才子傳．卷三》記載，張繼於「天寶十二年（西元七五三年）」，禮部侍郎楊浚下及第」，考取了進士，但是銓選落第，歸鄉。天寶十四年一月，爆發了安史之亂；天寶十五年六月，玄宗倉皇奔蜀。不少文士紛紛逃到今江蘇、浙江一帶避亂，張繼也是其中一員。他途經寒山寺時，寫下了一首羈旅詩〈楓橋夜泊〉：

月落烏啼霜滿天，江楓漁火對愁眠。
姑蘇城外寒山寺，夜半鐘聲到客船。

韋應物，長安人，晚年任蘇州刺史，其詩作〈寄恒璨〉云：

心絕去來緣，跡順人間事；
獨尋秋草徑，夜宿寒山寺。
今日郡齋閑，思問楞伽字。

劉言史的〈送僧歸山〉詩云：

楚俗翻花自送迎，密人來往豈知情。
夜行獨自寒山寺，雪徑泠泠金錫聲。

方干也是屢應舉不第，遂絕意仕進，隱居鑑湖。其〈途中言事寄居遠上人〉詩云：

舉目時時似故園，鄉心自動向誰言。
白雲曉濕寒山寺，紅葉夜飛明月村。
震澤風帆歸橘岸，錢塘水府抵城根。
羨師了達無牽束，竹徑生苔掩竹門。

張繼、韋應物、劉言史與寒山是同時代的人。張繼和寒山同樣銓選落第，在安史之亂中流落江南。韋應物可說是寒山的同鄉。方干的生年略晚，而有意思的是，方干曾學詩於徐凝。前文提到，寒山與徐凝有交往，徐凝寫過兩首與天台寒岩有關的詩〈送寒岩歸士〉、〈天台獨夜〉。

張繼〈楓橋夜泊〉詩中的「姑蘇城外」的寺院，即現在位於江蘇省蘇州市姑蘇區的寒山寺。在唐代，這座寺院的寺名並不是「寒山寺」。這座寺院始建於南朝蕭梁代天監年間（西元五〇二至五一九年），初名「妙利普明塔院」，即寒山寺的前身。

北宋文學家歐陽修（西元一〇〇七至一〇七二年），對張繼〈楓橋夜泊〉詩中的「夜半鐘聲到客船」提出質疑。宋代著名詞人葉夢得（西元一〇七七至一一四八年）的《石林詩話》中有：

「姑蘇城外寒山寺，夜半鐘聲到客船。」此唐張繼題城西楓橋寺也。歐陽文忠嘗病其夜半打鐘；蓋公未嘗至吳中，今吳中山寺實以夜半打鐘。

葉夢得指出，歐陽修之所以對這句詩進行詬病，是因為他沒有到過吳中，不瞭解當地夜半打鐘的實際情況。由這段記載可知，寒山寺在宋代名為「楓橋寺」。南宋范成大（西元一一二六至一一九三年）撰《吳郡志》記載：

普明禪院即楓橋寺也，在吳縣西十里，舊楓橋妙利普明塔院也。

宋代，最初的妙利普明塔院改為普明禪院，也稱為楓橋寺。元末明初的政治人物、臨濟宗僧人、詩人姚廣孝（西元一三三五至一四一八年）撰〈寒山寺重興記〉記載：

出閶門西行不十里即楓橋，橋之南去尋丈地，寒山寺在焉。寺臨運河塘，其塘北抵京口，南通武林，為衝要之所；舟行履馳，蟬聯蟻接，晝夜靡間。

明代王鏊（西元一四五〇至一五一二年）編撰的《姑蘇志》記載：

寒山禪寺，在閶門西十里楓橋下，舊名妙利普明塔院。宋太平興國初，節度使孫承祐建浮圖七成；嘉祐中，改普明禪院。

在明代，由楓橋寺更名為寒山寺、寒山禪寺。晚清文獻學家葉昌熾（西元一八四九至一九一七年）在《寒山寺志》中有一段按語：

又按：吳城之西有寒山，實天平山之陰，上為法螺禪院，明趙凡夫別業也。其地去金閶不遠，或疑寒山寺得名以此。余家藏有《寒山志》寫本，據凡夫自述云「山本無名，《郡志》：涅槃嶺在其左，又見寒山詩有『時陟涅槃山』句，而寒泉則支朗品題，因命之曰寒山焉。」其下詳紀山中勝跡，而末繫寒山二語：「雲溪回難記，曲山疊不知重」，亦寒山先我矣。是此山之以寒名，自凡夫始，寺之得名在先，山之得名在後，不可以後加先也明矣。

趙凡夫，即趙宧光（西元一五五九至一六二五年），字凡夫，一字水臣，趙宋王室之後，世居太倉璜涇。自趙凡夫開始，吳城之西原本無名的小山，被命名為寒山；寒山的得名晚於寺廟得名。此山被趙凡夫看中，選為趙氏墳塋之地，經過多年經營，成為一方名勝。乾隆皇帝六次南巡，六次臨幸此地，至今山上還有乾隆御道的遺跡。

姚廣孝撰〈寒山寺重興記〉記載：

唐元和中，有寒山子者，不測人也，冠樺皮冠，著木履，被藍褸衣，掣瘋掣顛，笑歌自若，來此縛茆以居。（中略）希遷禪師于此建伽藍，遂額曰「寒山寺」。

姚廣孝說唐元和（西元八〇六至八二〇年）年間，寒山子來此處「縛茆以居」，石頭希遷（西元七〇〇至七九〇年）遂在此建伽藍，額曰「寒山寺」。不過，元和年間希遷已經離世；再者，此時寒山已經八、九十歲，早已隱居天台翠屏山多年，而且當時其詩名並未出國清寺，不可能以寒山的名字來命名此伽藍。此說不足為信。

另外，在民間也有多種關於寒山與寒山寺的傳說，以下是其中具有代表性的兩則——

其一：

寒山與拾得是親如手足的異姓兄弟。寒山在娶妻前，方知與拾得同愛一女，於是跑到蘇州的楓橋出家，拾得隨後棄家趕到。兩人開山，建寒山寺。

其二：

隱居浙江天台山寒岩的詩人寒山，在赤城路邊撿到一個小孩，取名拾得；多年後，拾得長成，與寒山情同手足。後來二人同愛一女芙蓉，寒山得知內情後離家出走，拾得則立誓找回寒山，後得之於蘇州一寺；相逢之際，拾得折一荷花相贈，寒山則捧一食盒而出。此寺後來便叫「寒山寺」，並塑有寒山、拾得相逢之像，把捧荷的拾得稱「和」，捧盒的寒山稱「合」，合稱「和合二仙」。

在江浙地區，寒山、拾得被奉為主管婚姻與家庭的「和合二仙」，成為一對新人百年好合的象徵和守護神。除了掌管男女情事外，和合神還有財神的功能；「和合來時利市來」，中國民間歷來有和氣生財的觀念。

葉昌熾的《寒山寺志》，還收錄了「不知所從出」——作者不詳的〈寒山拾得問答〉：

寒山問拾得曰：「世間謗我、欺我、辱我、笑我、輕我、賤我、惡我、騙我，如何處置乎？」

拾得云：「只是忍他、讓他、由他、避他、耐他、敬他、不要理他；再過幾年，你且看他。」

充滿禪機妙趣的一問一答，表現出作為「和合二聖」的寒山與拾得對佛教「和合智」和「忍辱行」精神的理解與體現，也是對和合精神的精彩闡釋。

參・寒山詩在國外

有人笑我詩，我詩合典雅；不煩鄭氏箋，豈用毛公解。
不恨會人稀，只為知音寡。若遣趁宮商，余病莫能罷。
忽遇明眼人，即自流天下。

除了漢傳佛教影響的日、韓受寒山影響，二十世紀五十年代開始，倦於西方文明的青年們，試圖尋找一種「自然的」自由，寒山子的思想正好符合他們的需求，寒山詩亦為歐美各種文化潮流所吟詠。

日本

延久四年（西元一〇七二年），善慧大師成尋來中國，在國清寺獲得《寒山子詩一帖》；翌年，命其弟子賴緣等五人帶回日本，在日本流傳開來。成尋的《參天台五臺山記》有記載：

廿二日辛丑，天晴。午時，法花法堂莊嚴。與良玉黑木琉璃裝束念珠一串，依頻乞也。未時，禹珪舍與寒山子詩一帖，中心為悅。

禹珪贈與成尋的《寒山子詩一帖》，比宋釋志南一一八九年刊刻「國清寺本」早一百餘年，是海內外所存寒山詩集最早的宋刻版本；日本藏書家通憲入道（西元一一〇六至一一五九年）的藏書目錄中就有《寒山子詩一帖》。日本宮內廳書陵部藏有宋代刊本，被認為是南宋孝宗淳熙十六年（西元一一八九年）刻印，屬於國清寺沙門志南刊行系統的「無我慧身本」。

日本南北朝的正中二年（西元一三二五年），宗澤禪尼刊五山版《寒山集》一卷，日本大谷大學和家住鎌倉的石井光雄都有收藏。石井光雄所藏只有閭丘胤的「序」和「寒山詩」，沒有豐干和拾得兩人的詩；大谷大學所藏既有閭丘胤的「序」和「寒山詩」，也有豐干和拾得兩人的詩。這些五山本系統與宮內廳及四部叢刊書系統不同。

值得一提的是，筆者新發現的江戶初期臨濟宗僧人大德寺住持澤庵宗彭（西元一五七三至一六四六年）的書簡文，其文如下：

朱氏晦庵有書啟國清禪師曰：

寒山子詩刻成日，幸早見寄其寄山居僧詩曰：

方丈翛然屋數椽，檻前流水自清漣。

蒲團竹幾通宵坐，掃地焚香白晝眠。

地窄不容揮麈客，室空那許散花天。

個中有句無人薦，不是諸方五味禪。

寒拾豐之三禪者，佛海之散聖也。句句發佛光，言言開聖智。此故即晦庵校行以廣之，而又以此語題卷初照朱熹字。後世以是知晦庵弘廣佛道，唯於末後被轉別人，聊於佛法生瑕者人疑之。

澤菴叟 花押

澤庵宗彭的書簡文中錄有宋代詩人朱熹的古詩〈山人方丈〉，這份資料或許能夠反映出志南應朱熹請求寒山詩「好本」而刊刻的「國清寺本」在日本的流傳情況。

此外，日本所藏古本寒山詩集還有：

一、杭州錢塘門里東橋南大街郭宅紙鋪印行的朝鮮版《寒山詩》一卷，元貞丙申（西元一二九六年）；

二、《寒山詩》一卷，附《豐干拾得詩》一卷，寒山著，王子安集。（出版年月不詳）；

三、《寒山詩》上．中．下，釋寒山撰，戶島惣兵衛出版，寬文十一年（西元一六七一年）；

四、《寒山詩》，釋寒山撰，村上平樂寺院出版，正保四年（西元一六四七年）；

五、《寒山詩》，釋寒山撰，天王寺屋市郎兵衛出版。

江戶時代（西元一六〇三至一八六八年）以前的注釋本有：

一、《首書寒山詩》，寬文十一年刊；

二、《寒山詩集管解》七卷，連山交易著，中野孫三郎出版。寬文十二年（西元一六七二年）；

三、《寒山詩闡提記聞》上．中．下，白隱慧鶴著，山城多佐兵衛出版，延享三年（西元一七四六年）；

四、《寒山詩索賾》，三卷，大鼎著，文化三年（西元一八〇六年）。

明治時期（西元一八六八至一九一二年）以後，出版了大量寒山子詩集、注釋本及研究書籍。其中，昭和三十三年（西元一九五八年）岩波書店出版的入矢義高著《寒山》，具有很高的學術價值，該譯注本選詩一二〇首；由於其卓越的學術價值，西方寒山詩的諸多語種的版本均奉之為圭臬。

寒山詩傳入流布日本之際，正值日本的鎌倉和室町時代；中日兩國以禪宗為代表的佛教文化，在這個時期交流最為密切。寒山詩中的禪悟詩以及道家風骨和隱士情懷，具有非常大的吸引力，寒山詩及寒山子形象自傳入日本後便歷久不衰。

寒山詩在日本的傳播，不僅影響到日本的宗教及繪畫藝術，還影響到了日本古代文學，例如日本的俳句創作，甚至還影響到日本的近現代文學，特別是近代文學。日本近代著名小說家、評論家、翻譯家和劇作家坪內逍遙，創作了劇本《寒山拾得》，足見對寒山的推崇。森鷗外根據閭丘胤〈寒山子詩集序〉和志南《天台山國清禪寺三隱集記》，創作出短篇小說《寒山拾得》。此外，夏目漱石、芥川龍之介、岡本可能子、安西冬衛、伏井鱒二等，都受到寒山詩以及寒山創作風格的影響。

朝鮮半島

朝鮮半島在很長時間裡都是借用漢字進行書面表達；加上交通上的便利，

自古漢文化就源源不斷輸入至朝鮮半島。宋元時期，由於遼國和金國的阻擾，中國與朝鮮半島的文化交流和人員往來並不是很密切，而寒山子詩正是在這一時期傳入朝鮮半島的。

日本漢學家島田翰在日本明治三十八年（西元一九〇五年）刊本《宋大字本寒山詩集》卷首中介紹說，南宋理宗寶祐三年乙卯（西元一二五五年），釋行果刊刻的「寶祐本」於元代傳入朝鮮，由朴景亮等人刊行「高麗覆宋本」。韓國學者則認為，韓國現存最早的寒山詩版本乃是朝鮮時代刊刻的「奉恩寺本」。該刻本屬於「郭宅紙鋪本」系統，與「高麗女信本」和「四部叢刊影玉峰本」的版本系統相同，初刊於宋成宗元貞二年（西元一二九六年），奉恩寺本刻於朝鮮哲宗七年（西元一八五六年），現藏於韓國的東國大學和高麗大學的圖書館。

朝鮮本系統版本有一個共同的特點，皆為宋代慈受和尚（西元一〇七七至一一三二年）擬寒山詩合編之本。韓國精神文化研究院藏朝鮮覆刻元本（西元一五七四年）是現在所能見到的最早寒山詩與慈受和尚擬寒山詩合編本，在此基礎上又衍生了其他一些版本。

最早介紹寒山詩的是高麗真覺國師慧諶（西元一一七八至一二三四年）；他精通韓、中的禪思想和禪文學，並能依據寒山詩創作自己獨特的文學作品；其代表作《冰道者傳》，在韓國古代小說史研究中佔有一席之地。

韓國的歷代高僧，如高麗連禪師、天頊、普愚、宗正徐京保禪師、宗正正性禪師等，都將寒山的言行當成禪家事蹟進行傳播。

從高麗到朝鮮，歷代名臣碩儒都對寒山詩青睞有加。高麗名相李齊賢（西元一二八七至一三六七年）的詩集中，有〈天台三聖傍虎同眠〉、〈豐干伏虎〉等以國清三隱為題材的詩。受寒山詩影響最深者，當屬朝鮮文人趙昱（西元一四九八至一五五七年）；他寫過多首擬寒山詩，其風貌與寒山詩最為接近。

眾多近現代韓國詩人，也以寒山詩為精神土壤，在作品中直接或間接變用寒山子詩。歷史上，朝鮮半島朝野上下漢文修養較高，對佛教文學尤其是禪文學有濃厚的興趣；因此，擬寫、校評、注釋、翻譯寒山詩之風氣歷代不絕。

值得一提的是，西元一九九四年，韓國小說家高銀在真音出版社發表了以寒山、拾得事蹟為題材的佛教類小說，距日本作家森鷗外於西元一九一六年發表短篇小說《寒山拾得》近八十年。這段期間，日韓兩國的寒山子研究取得了巨大成果，至今方興未艾。

英國

自十九世紀以來，西方漢學界一直關注中國古典詩歌的翻譯與研究。二十世紀初，經過「意象派」詩歌運動的推動，以及埃茲拉·龐德（Ezra Pound，西元一八八五至一九七二年）、亞瑟·韋利（Arthur Waley，西元一八八九至一九六六年）等詩人與學者們的努力，中國古典詩歌在西方的影響力劇增，寒山詩也進入西方讀者的視野。從二十世紀五十年代開始到現在，寒山子詩是西方漢學界翻譯與研究的重點之一。

英國著名漢學家亞瑟·韋利，精通日語和漢語，主要翻譯成果有日本古典文學名著《源氏物語》、《枕草子》、《日本能劇》，以及《詩經》、《漢詩一百七十首》、《道德經》、《論語》等中國詩歌與經典。西元一九五四年九月，亞瑟·韋利在《相遇》第十二卷，首譯二十七首寒山詩，寒山詩由此在英國及整個西方世界流行開來。這二十七首寒山譯詩，主要由反映世俗生活、隱居生活和佛理參悟的詩組成。

到了六十年代，英國的俳句與禪宗研究學者布萊思（Reginald Horace Blyth，西元一八九八至一九六四年），在其專著《禪與禪典》中提及寒山和寒山詩，並翻譯了《茅棟野人居》、《可笑寒山道》兩首。

一九七六年，英國著名詩人詹姆斯·克卡普（James Kirkup，西元一九一八至二〇〇九年）翻譯出版了《寒山詩二十五首》。

二〇〇六年，英國譯者克萊恩在互聯網上發表了《寒山如是說：寒山詩二十七首》，該譯本由「引論」、「譯詩」、「首行檢索」三部分組成，譯本以直譯為主，簡潔明瞭，有口語化色彩。

二〇〇三年，英國倫敦大學亞非學院東亞歷史教授知名漢學家巴雷特（Timothy H. Barrett）發表了〈寒山在文學史上的地位〉、〈寒山詩譯本研究〉兩篇論文。巴雷特的研究具有里程碑式的學術意義，標誌著英國學界對寒山和寒山詩的研究步入真正意義上的學術研究時代。

法國

在英國漢學家亞瑟·韋利英譯寒山詩歌之前，法國學者馬古烈（Georges Margouliès，西元一九〇二至一九七二年）已經在其中國詩歌史論著中，對寒山及其詩歌予以了特別的關注。一九五一年，他在《中國文學史：詩歌》第十七章中，探討了寒山詩在形式探索上對初唐詩歌所作的貢獻。馬古烈是俄羅斯裔法國漢學家，師從法國著名漢學家伯希和（Paul Pelliot，西元一八七八至一九四五年），獲文學博士學位後，任教於巴黎東方語言學院；他精通多國語言，在中國古代文學方面著述頗豐。

法國的寒山詩翻譯與研究，始於華裔法籍學者著名敦煌學家吳其昱（西元一九一五至二〇一一年）。一九五七年，吳其昱在《通報》上發表寒山研究專論〈寒山研究〉，文中詳細分析了寒山的各種傳說及生平傳略，並大膽推論寒山的原型是道宣《續高僧傳》中的智岩（西元六〇〇至六七七年），還選譯了四十九首寒山詩和一首拾得詩。

西元一九七〇年，戴密微（Paul Demieville，西元一八九四至一九七九年）發表了〈禪與中國詩歌〉；文中指出，佛教通常為西方漢學家所忽略，因為他們往往更注重闡明禪在繪畫上的美學意義。戴密微考察自漢代至宋代禪宗與中國詩歌的關係，認為一些僧人的詩歌作品應該列入唐詩的不朽之作；在這些詩歌作品中，宗教思想表現為佛教和道教的融合。戴密微將僧人創作之具有語錄性質的詩稱為「禪詩」，指出王梵志和寒山發展了這類詩，使之更為接近中國詩歌傳統的主體抒情詩。

一九七五年九月，班文干（Jacques Pimpaneau，西元一九三四至二〇二一年）翻譯出版了寒山詩選譯集《達摩的流浪漢：寒山廿五首詩》，他在序文中指出：

寒山是生活在西元七世紀前後的一位中國詩人，他的名字總是和禪聯繫在一起。歸屬他名下的詩作有三百一十一首。這個衣衫襤褸的傳奇人物總是樂呵呵的。他有個同伴叫拾得。他的身上有他那個時代的嬉皮氣息。他的言行今天也成了一種另類生活方式的風向標。

這說明，班文干之所以選擇翻譯寒山詩，是因為他注意到了寒山與二十世紀的嬉皮士在形象與氣質上的神似。

一九七八年，弗朗索瓦．拉里耶翻譯了寒山的五首詩作，發表在詩歌雜誌《猴港》。

一九八一年，法國作家瑪律丹·梅爾柯尼安以自由體詩的形式，翻譯了一組寒山詩，以《山頂之天》為題發表於《通道》雜誌，翌年以《寒山》為書名出版。

一九八五年，程英芬和埃爾維·柯萊（Hervé Collet）合譯的《寒山：寒山的絕妙道路》在巴黎出版，選譯一一〇首寒山五言詩。同年，法國漢學家派翠克·卡雷（Patrick Carré）出版了寒山三一一首詩的法語全譯集《餐霞子：詩人、流浪者寒山》。

二〇〇〇年，日本學者柴田真澄夫婦翻譯的《碧岩錄：語錄與禪詩》在巴黎出版，選譯了二十七首寒山詩。

二十世紀初，隨著敦煌寫本中大量禪籍的發現，禪學研究引起中外學者的極大關注。禪學思想由日本學者如鈴木大拙等人介紹到歐美，引起西方學者的廣泛興趣，出現了至今仍方興未艾的世界性禪學熱潮；寒山詩在法國乃至世界範圍的譯介與研究，無疑是禪學熱潮的產物。在漢學研究重鎮法國的影響下，德國、比利時、荷蘭、瑞典、捷克等歐洲國家也開始了寒山詩的譯介和研究。

歐洲其他國家

一九七四年，德國學者史提芬．舒馬赫翻譯的《寒山：一五〇首寒山詩》由德國杜塞爾多夫出版社出版，共譯寒山詩一五〇首。舒馬赫的寒山詩譯本在歐洲有一定的影響。

一九七七年，荷蘭阿姆斯特丹的德阿爾貝德爾斯貝出版社出版了荷蘭著名漢學家伊維德翻譯的《寒山詩：禪詩》，該譯本共翻譯了二百首寒山詩及寒山的一些相關材料。

一九八五年，比利時布魯塞爾的唐龍出版社出版了唐詩研究專家喬治特．雅蒽（Georgette Jaeger）翻譯的《寒山：道釋禪之隱士》，共譯寒山詩一百首。

一九九〇年，瑞典斯德哥爾摩的諾爾斯特出版社出版了著名學者拉斯．貝格斯特和李克前翻譯的《皮影戲、清泉：唐詩》，選譯了十七首寒山詩和兩首拾得詩。

一九七一年，捷克布拉格的捷克斯洛伐克作家出版社出版中國文學翻譯家王和達（Oldřich Král）翻譯的《道：古中國詩文集》中，選譯了幾首寒山詩。

一九八七年，捷克著名學者和翻譯家瑪律塔·瑞薩娃翻譯出版了《寒山：亮光照映下的玉影》，該譯者從二十世紀五十年代末開始翻譯唐詩，主要涉獵李白、王維、白居易、孟浩然、寒山和拾得等人的詩作。

一九九六年，捷克學者阿萊娜·布拉霍娃翻譯的捷克語譯本《寒山：寒山詩》問世，該譯本是在德國學者史提芬·舒馬赫的《寒山：一五〇首寒山詩》德譯本的基礎上轉譯的。捷克查里斯大學東亞研究中心主任羅然（Olga Lomova）教授作序；作為譯本編輯的羅然教授為該譯本補充了評論和注釋，並翻譯了閭丘胤序和寒山的一些軼聞事蹟。

美國

目前，學術界普遍認為寒山詩是在西元一九五四年由英國漢學家亞瑟・韋利首次翻譯到英語世界的。事實上，早在一九三三年，美國漢學家亨利・哈特（Henry H. Hart，西元一八八六至一九七四年）就選譯寒山詩〈城北仲家翁〉，發表在《百姓》上，英譯了第一首寒山詩，寒山詩從此進入美國，並在二十世紀五、六十年代獲得了廣泛傳播。

一九五八年，美國詩人加里・斯奈德（Gary Snyder）在「垮掉派」作家的宣傳陣地《常青藤評論》秋季號上，發表了二十四首寒山譯詩，這是學界公認最有影響力的譯本。

斯奈德筆下的唐代詩人寒山，成為二十世紀美國年輕一代頂禮膜拜的精神領袖；於中國文學系統中長期被邊緣化的寒山詩，在轟轟烈烈的「垮掉運動」中出盡了風頭，並一躍成為「三藩市文藝復興」的經典之作，寒山成了「垮掉一代」（Beat Generation）的象徵、「嬉皮」的典範。經過翻譯的寒山，化身為美國文學一個迷人的原型，對歐美文化產生了廣泛的影響。

斯奈德在美國讀者心目中，成功復活了中國詩人寒山的同時，自己也一舉成名，並因此獲得了「美國寒山」的美譽。斯奈德英譯寒山詩的經過，被垮掉派之王傑克·凱魯亞克（Jack Kerouac）寫入《達摩流浪漢》（*The Dharma Bums*）中，在一定程度上擴大了寒山詩在英語世界的影響。

二十世紀六十年代，斯奈德改寫建構的「佯狂似癲」的寒山形象，受到「垮掉的一代」追捧。據不完全統計，有十一種寒山詩譯本在美國問世，寒山詩的傳播和影響日益擴大。美國漢學家伯頓·華茲生（Burton Watson）、白芝（Cyril Birch）、薛愛華（Edward Hetzel Schafer）等人，在中國學者柳無忌、歐陽楨等人的幫助下，也躋身寒山詩歌英譯領域。

七十年代，寒山詩及相關文學作品進入權威文學選集和大學課堂，英譯寒山詩在美國翻譯文學中的經典地位得以確立。一九七六年，著名漢學家傅漢思

（Hans Hermannt Frankel，西元一九一六至二〇〇三年）在耶魯大學出版社出版了《中國詩選譯隨談》，選譯了〈老翁娶少婦〉、〈東家一老婆〉、〈欲識生死譬〉三首寒山詩。

傅漢思是德裔美國籍猶太人，耶魯大學東亞語言文學系教授，精通德語、法語、英語、義大利語、西班牙語、漢語等多國語言。其夫人是「合肥四姐妹」之一的張充和，與周有光、沈從文為連襟。

八十年代以來，寒山研究熱潮推動了寒山詩在英語世界的全面譯介與廣泛傳播。這一時期，二十餘種不同寒山詩英譯本與收錄英譯寒山詩的文學選集相繼發行，華茲生的《哥倫比亞中國詩選》、司馬黛蘭（Deborah Sommer）的《中國宗教》、宇文所安（Stephen Owen）的《中國文學選集：從先秦至一九一一年》、閔福德（John Minford）與劉紹銘的《含英咀華集·第一卷》等，眾多輯錄英譯寒山詩的文學經典選集出版，並作為講授中國文學教材進入美國大學課堂。至此，英譯寒山詩的經典地位得到極大鞏固，寒山詩基本上完成了從邊緣到中心的文學他國化歷程。

九十年代，美國著名學者韓祿伯（Robert G. Henricks）出版了《寒山詩：全譯注釋本》，這個全譯本有詳盡的引論、注釋和考證，並包括豐富的附錄和索引。

進入二十一世紀，主要有美國學者赫伯遜（Peter Hobson）選譯的《寒山詩》，共一〇六首。傑羅姆．西頓（Jerome P. Seaton）的《寒山詩：寒山、拾得、王梵志禪詩選譯》，以直譯為主，口語化色彩較濃。

綜觀寒山詩在美國六十餘年的經典建構歷程，可以看到寒山詩自「三藩市文藝復興」以來在文學界建立的持久影響；以及在自然和生態話語日益受到重視的今天，人們對寒山詩中折射出的宇宙觀和生命觀的認同與接受。在物質文明高度發達、深受環境危機侵害的美國社會，寒山所代表的生活方式，以及寒山詩中體現的那種追求自然、社會與精神和諧共存的生態視野，具有巨大的吸引力和強勁的生命力，將進一步鞏固寒山詩在美國翻譯文學中的經典地位。

寒山詩在世界範圍廣為流傳，足見寒山詩以其獨具的風格和魅力，禁受住了歷史的考驗，贏得了世人的認同。正如寒山子在〈有人笑我詩〉中所預言的那樣：

有人笑我詩，我詩合典雅；
不煩鄭氏箋，豈用毛公解。
不恨會人稀，只為知音寡。
若遣趁宮商，余病莫能罷。
忽遇明眼人，即自流天下。

附錄

寒山大師年譜（西元七二六至八三〇年）

歲數　—　西元　—　帝號、年號

一歲　七二六　唐玄宗　開元十四年

出生於京兆咸陽。

六歲　七三一　唐玄宗　開元十九年

入私塾開蒙。

十五歲　七四〇　唐玄宗　開元二十八年

開始參與科舉考試。

十七歲　七四二　唐玄宗　天寶元年

獲得參加天寶二年春試資格。

十八歲　七四三　唐玄宗　天寶二年

春，參加科考，不第。

十九歲　七四四　唐玄宗　天寶三年

春，第二次參加科考，不第。

二十歲　七四五　唐玄宗　天寶四年

春，參加科考，登第，入乙等。

十月，於吏部南院參加關試銓選，未中選。

二十一歲　七四六　唐玄宗　天寶五年

正月，王忠嗣大敗吐蕃。

寒山試圖以軍功求得仕途，未果。

二十三歲　七四八　唐玄宗　天寶七年

十月，再次參加吏部關試，未中選。

二十六歲　七五一　唐玄宗　天寶十年

十月，第三次參加吏部關試，未中選。

二十八歲　七五三　唐玄宗　天寶十二年

十月，最後一次參加吏部關試，未中選。

三十歲　七五五　唐玄宗　天寶十四年

十一月，安史之亂爆發。

十二月，叛軍攻破洛陽。

寒山因屢試不第，窮苦潦倒；為避戰亂，遊歷千里。

三十四歲　唐肅宗　乾元二年

輾轉到達山東，短期任小吏。

三十五歲　七六　唐肅宗　上元元年

隱居天台翠屏山，開始長達三十年的農隱時期。

三十七歲

三十八歲

八月二十五日，袁晁率眾在唐興縣（今天台縣）起義。

湛然為了躲避袁晁之亂，離開天台山，西經浦陽到昆陵。

四十歲

正月，李懷仙殺死史朝義，歷時七年又兩個月的安史之亂結束。

六十五歲

爆發僕固懷恩之亂。

六十八歲

遷隱寒石山寒岩，往來國清寺，與豐干、拾得交往。

八十九歲

靈祐去國清寺途中偶遇寒山。

趙州從諗禪師參謁寒山、拾得。

九十九歲

徐凝撰〈送寒岩歸士〉贈與寒山。

一〇四歲

徐靈府修竣桐柏觀，請元稹撰寫碑文。

一〇五歲

九月十七日，寒山圓寂，葬於明岩洞右側象鼻峰頂。

徐靈府編纂《寒山子詩集》，並為之序，其序今佚。

參考資料（依作者姓名筆劃排序）

古籍資料

入矢義高，《寒山》，東京：岩波書店。
方志恩，《王梵志、寒山、龐蘊通俗詩之比較研究》，新北：花木蘭文化出版社。
天台山國清講寺住持可明，《寒山子詩集》，浙江天台縣：天台山國清講寺。
天台山護國寺住持釋月淨，《寒山子詩集》，北京：文物出版社。
朱封鼇，《朱封鼇天台集》，北京：宗教文化出版社。
胡安江，《寒山詩：文本旅行與經典建構》，北京：清華大學出版社。
胡適，《白話文學史》，合肥：安徽教育出版社。
陳慧劍，《寒山子研究》，臺北：華新出版有限公司。

陳尚君，《全唐詩補編》，北京：中華書局。
陳耀東，《寒山詩集版本研究》，北京：世界知識出版社。
崔小敬，《寒山：一種文化現象的探尋》，北京：中國社會科學出版社。
曹寅，《全唐詩》，北京：中華書局。
張石，《寒山與日本文化》，上海：上海交通大學出版社。
渡邊海旭，《寒山詩講話》，東京：京文社書店。
項楚，《寒山詩注》，北京：中華書局。
黃敬家，《寒山詩在宋元禪林的傳播研究》，臺北：臺灣學生書局。
葉珠紅，《寒山資料考辨》，新北：花木蘭文化出版社。
——《寒山詩集之流傳與影響》，新北：花木蘭文化出版社。
——《寒山資料類編》，臺北：秀威資訊科技。
錢學烈，《寒山拾得詩校評》，天津：天津古籍出版社。

國家圖書館出版品預行編目(CIP)資料

寒山大師：文殊化詩僧／金偉編撰 — 初版
臺北市：經典雜誌，慈濟傳播人文志業基金會，2025.01
400 面；15×21 公分 —（高僧傳）
ISBN 978-626-7587-15-7（精裝）
1.CST:（唐）釋寒山 2.CST: 佛教傳記
229.341　　113020584

寒山大師——文殊化詩僧

創 辦 人／釋證嚴

編 撰 者／金偉
主編暨責任編輯／賴志銘
行政編輯／涂慶鐘
美術指導／邱宇陞
插圖繪者／徐淑貞
美術編輯／徐淑貞
校對志工／林旭初

發行人・慈濟人文 志業執行長／王端正
合心精進長／姚仁祿
主　責　長／王志宏

出 版 者／經典雜誌
慈濟傳播人文志業基金會
112019臺北市北投區立德路2號
客服專線／（02）28989000 分機1165、2145
傳真專線／（02）28989993
劃撥帳號／19924552　戶名／經典雜誌
印　　製／新豪華製版印刷股份有限公司
經 銷 商／聯合發行股份有限公司
231028新北市新店區寶橋路235巷6弄6號2樓
（02）29178022
出版日期／2025年1月初版一刷
定　　價／新臺幣380元